喀什地区博物馆

Kashi Museum

带你走进博物馆

SERIES

喀什地区博物馆　编著

文物出版社

图书在版编目（CIP）数据

喀什地区博物馆／喀什地区博物馆编著. -- 北京：文物出版社，2024.1
（带你走进博物馆）
ISBN 978-7-5010-8300-8

Ⅰ．①喀… Ⅱ．①喀… Ⅲ．①博物馆－介绍－喀什地区 Ⅳ．①G269.274.52

中国国家版本馆CIP数据核字（2023）第244946号

喀什地区博物馆

编　著	喀什地区博物馆	
执　笔	杨可君　阿米那木·乌麦尔　王晓华　高　涛	

责任编辑	冯冬梅
责任印制	张道奇
出版发行	文物出版社
社　址	北京市东城区东直门内北小街2号楼
邮政编码	100007
网　址	http://www.wenwu.com
经　销	新华书店
制版印刷	文物出版社印刷厂有限公司
开　本	880mm×1230mm　1/24
印　张	5.5
版　次	2024年1月第1版
印　次	2024年1月第1次印刷
书　号	ISBN 978-7-5010-8300-8
定　价	35.00元

赠 言

　　未成年人将要承担中华民族伟大复兴的重任。关心未成年人的健康成长，关心他们的思想道德的建设是我们每个人的责任，各类博物馆不仅是展示我国和世界优秀历史文化的场所，也是未成年人学习知识、培养情操的第二课堂。

　　让这套丛书带你走进博物馆，让博物馆伴随你成长。

单霁翔

2004年12月9日

目 录　Contents

馆长寄语		9
馆藏精品		11
一	石器	11
二	陶器	20
三	铜器	29
四	纺织品	31
五	木器	37
六	雕塑、造像	40
七	皮革	46
八	钱币	47
九	兵器	47
十	牙骨角器、海贝	50

喀什地区博物馆

基本陈列   52

西域回响 丝路长歌——中国新疆历史

民族宗教文化专题展   52

一 新疆是中国领土不可分割的一部分   52

二 新疆各民族是中华民族血脉相连的

家庭成员   59

三 新疆历来是多种宗教并存的地区   61

四 新疆各民族文化是中华文化的组成部分   72

昆仑流韵 古道遗珍——喀什历史文物陈列展   77

一 远古时期   77

二 夏商周时期   79

三 秦汉时期   82

四 魏晋南北朝时期   84

五　隋唐时期　　　　　　　　　　　　　86

六　五代宋辽金元明时期　　　　　　　87

七　清朝时期　　　　　　　　　　　　88

八　民国时期　　　　　　　　　　　　91

九　走向新时代　　　　　　　　　　　94

喀什地区规划展　　　　　　　　　98

一　喀什概览　　　　　　　　　　　　98

二　喀什地区国土空间规划　　　　　　99

三　构建高质量发展基础　　　　　　　100

四　农业农村现代化　　　　　　　　　101

五　新型工业化　　　　　　　　　　　101

六　新型城镇化　　　　　　　　　　　101

七　新型服务化　　　　　　　　　　　104

八　美丽喀什　　　　　　　　　104

九　生态屏障　　　　　　　　　105

文化遗产　　　　　　　　　107

一　莫尔寺遗址　　　　　　　　107

二　托库孜萨来遗址　　　　　　109

三　石头城遗址　　　　　　　　112

四　公主堡古城遗址　　　　　　115

五　艾提尕尔清真寺　　　　　　117

六　莎车加满清真寺　　　　　　118

七　阿巴和加麻扎（墓）　　　　119

八　麻赫穆德·喀什噶里墓　　　120

九　叶尔羌汗国王陵　　　　　　122

十　吉尔赞喀勒墓地　　　　　　123

服务信息及教育交流   125

一　服务信息   125

二　宣传教育   126

三　临展交流   128

馆长寄语

博物馆是知识的殿堂，是历史研究、学术交流、文化传播的基地，是为公众提供历史文化知识、爱国主义教育和艺术欣赏的公共文化设施，肩负着弘扬文明、激活思想、营造浓厚学术氛围的职责。

一个城市，一般都会有一座博物馆。要穿越千百年，追寻历史足迹，感受历史文化的魅力，就要走进博物馆。每座城市的历史记忆，有一半可能就藏在博物馆。还有什么能比与千年时光面对面交流更加迷人和难忘的呢？

喀什地区位于新疆西南部，总面积16.2万平方千米，东临塔克拉玛干大沙漠，西北与克孜勒苏柯尔克孜自治州相连，东南与和田地区相连，周边与塔吉克斯坦、阿富汗、巴基斯坦3个国家接壤。喀什是多民族聚居地区，主要有维吾尔、汉、塔吉克、回、柯尔克孜、乌孜别克、哈萨克等13个民族。喀什历史悠久、文化多元、民族特色浓郁，享有"不到喀什，不算到新疆"的美誉。

喀什古称疏勒。公元前60年，西汉统一西域，设西域都护府作为管理西域的军政机构。自此，包括喀什在内的西域地区正式成为中国领土不可分割的组成部分。先辈们在喀什这片土地上创造了灿烂的文化，为我们留下了众多的历史遗产，这些古道遗珍已然成为喀什历史的见证者，成为喀什的代名词。

喀什历史悠久，文化灿烂，是古丝绸之路东西方交流的核心地带。截至2023年，全区拥有不可移动文物894处，**其中全国重点文物保护单位10处、自治区级文物保护单位50处、县级文物保护单位746处、未定级文物88处。可移动文物5633**

件（套），其中一级文物34件（套）、二级文物23件（套）、三级文物83件（套）。

　　喀什地区历史文物收藏最多的单位就是喀什地区博物馆。喀什地区博物馆新馆2020年10月投入使用，建筑面积15100平方米。藏品5230件（套），可移动文物3733件（套），其中一级文物16件（套）、二级文物12件（套）、三级文物35件（套）。重要的文物有北朝三耳压花陶罐、唐石膏浮雕说法图墙砖、北宋饰缂丝边缘绢棉袍等。博物馆馆藏文物资源丰富，公共文化服务水平较高，辐射面广，2018年10月被评为三级博物馆。2021年5月，被确定为"喀什地区文化润疆教育基地"和"喀什地区爱国主义教育示范基地"，2021年9月被自治区党委宣传部命名为"自治区爱国主义教育基地"，是一座综合性历史类博物馆。

　　长期以来，我们一直致力于喀什地区文博事业的繁荣发展，以满足公民精神文化需求、提高公民思想道德和科学文化素养为主要任务，把收藏保管、科学研究和宣传教育功能有机结合，举办了形式多样的陈列展览和社会教育活动，形成了以基本陈列、临时展览、流动博物馆、社会教育活动互为补充的展览教育体系，从多个角度向广大观众展示喀什历史文化内涵，特别是把喀什地区博物馆作为喀什的"金色名片"去建设。

　　另一方面，伴随着现代化博物馆的迅速建设，广大群众对博物馆文献信息资源及其服务的需求也越来越高。我们愿意通过不断努力和探索，加强博物馆基础设施建设，提升展览水平，改进服务方式，加快一流博物馆建设进程，让喀什地区博物馆成为您攀登知识高峰的阶梯、成为您遨游历史知识海洋的划桨。喀什地区博物馆欢迎您。

馆藏精品

一　石器

迄今为止，喀什发现的旧石器文化遗存主要分布在帕米尔高原的塔什库尔干河流域，有塔什库尔干塔吉克自治县库孜滚遗址、吉日尕勒遗址。考古发现和研究表明：距今12000年前后喀什地区就有人类活动。

喀什发现的新石器时代遗存主要分布在疏附县乌帕尔一带。乌帕尔发现的细石器与我国华北地区旧石器时代的细小石器工艺技术属同一系统，即非几何形细石器。

夏商周时期，新疆天山南北先后进入青铜时代及早期铁器时代。在喀什的叶尔羌河流域和喀什噶尔河流域发现了多处这一时期的遗址、墓地。其中，疏附县乌帕尔镇采集的石磨盘、石镰、石刀在我国其他省（市）从新石器时代至商周时期屡见不鲜。

1.马鞍形石磨盘

新石器时代（距今约10000～4000年），1994年从疏附县乌帕尔镇采集。马鞍形，灰色砂岩磨制，保存完整。通长

马鞍形石磨盘

带你走进博物馆

56.0、通宽29.0、厚2.0～4.0厘米。

2.新石器时代石镞

新石器时代(距今约10000～4000年),1994年从疏附县乌帕尔镇霍加阔纳尔遗址采集。长条柳叶形。从左往右长依次为2.8、3.1、4.1厘米,宽0.8、1.2、1.0厘米。

3.新石器时代石磨球

新石器时代(距今约10000～4000年),1999年采集。整体呈圆球状。大径10.5厘米,重946.4克。

4.新石器时代石核

新石器时代(距今约10000～4000年),2000年采集。数量为5个,大小不一,整体呈柱状,周身有压剥的痕迹。长2.8～5.0厘米,总重79.2克。

5.新石器时代刮削器

新石器时代(距今约10000～4000年),2000年采集。数量为3个,大小不一,

新石器时代石镞

新石器时代石磨球

新石器时代石核

整体呈圆形,边缘有刃。直径2.0～2.8厘米,总重15.4克。

6.新石器时代敲砸器

新石器时代(距今约10000～4000年),2000年采集。整体呈圆柱状,一端头较粗。通长14.5厘米,重629.6克。

7.新石器时代敲砸器

新石器时代(距今约10000～4000年),2000年采集。整体呈心形状。通长18.5、最宽处10.0厘米,重1120.0克。

8.新石器时代刮削器

新石器时代(距今约10000～4000

新石器时代敲砸器

新石器时代敲砸器

新石器时代刮削器

新石器时代刮削器

带你走进博物馆

年），1987年采集。整体呈三角锥状。通长5.4、最宽2.6厘米，重8.2克。

9.新石器时代刮削器

新石器时代（距今约10000～4000年），2000年采集。整体呈圆形，一侧边缘有齿。通长2.6、最宽2.0厘米，重3.8克。

10.新石器时代石眉笔

新石器时代（距今约10000～4000年），2000年采集。整体呈尖圆柱状，通体黝黑。通长5.1厘米，重4.6克。

11.新石器时代石片

新石器时代（距今约10000～4000

年），2000年采集。扁平状，边缘有齿。通长4.0、最宽3.2厘米，重13.0克。

12.新石器时代石片

新石器时代（距今约10000～4000年），2000年采集。扁平状，边缘有齿。通长4.5、最宽2.4厘米，重10.4克。

13.新石器时代石斧

新石器时代（距今约10000～4000年），1983年采集。底部一侧有使用痕迹。通长19.0厘米，重1.6克。

14.新石器时代石叶1

新石器时代（距今约10000～4000

新石器时代刮削器

新石器时代石眉笔

新石器时代石片

新石器时代石片

新石器时代石斧

新石器时代石叶1

年），1994年采集。石叶整体呈三角形。通长5.2厘米，重7.0克。

15.新石器时代石叶2

新石器时代（距今约10000～4000年），1994年采集。石叶呈长条形。通长4.6厘米，重2.2克。

16.新石器时代石叶3

新石器时代（距今约10000～4000年），1994年采集。石叶整体呈长条形。通长5.3厘米，重2.6克。

17.新石器时代石叶4

新石器时代（距今约10000～4000

带你走进博物馆

15

新石器时代石叶2

新石器时代石叶3

新石器时代石叶4

年），1994年采集。石叶整体呈长条柳叶形。通长4.6、最宽1.5厘米，重3.0克。

18.青铜时代石杵1

青铜时代（约公元前2070～前1046年），1999年征集。通体较光滑。通长18.0厘米，重1720.0克。

19.青铜时代石杵2

青铜时代（约公元前2070～前1046年），1999年征集。通体较光滑，整体呈圆柱状。通长19.0厘米，重1400.0克。

20.西周穿孔重石器

西周时期（公元前1046～前771年），1982年从疏附县乌普拉特遗址采集。扁圆形砾石，一面略呈弧形，一面为平面，中心对穿一圆孔。外径10.1～10.3、孔径2.9、厚2.0厘米左右。

21.西周直柄石臼

西周时期（公元前1046～前771年），

青铜时代石杵1

青铜时代石杵2

西周穿孔重石器

西周直柄石臼

1995年在塔什库尔干塔吉克自治县采集。口径圆形，柄短而小，工艺粗，基本完整。通高4.6、口径8.5、柄长3.8厘米。

22.西周石祖柄石杵1

西周时期（公元前1046～前771年），疏附县乌帕尔镇柯克孜贝西遗址采集。

平顶，下半部有残缺。通长5.5、通宽3.0、通高16.3、上径3.0、底长5.5、底宽3.0厘米。

23.西周石祖柄石杵2

西周时期（公元前1046～前771年），2001年从疏附县乌帕尔镇柯克孜贝西遗

西周石祖柄石杵1

西周石祖柄石杵2

址采集。青灰石质，弧顶，凸棱，圆锥体，基本完整。通高20.0、顶径6.5、底径7.5厘米。

24.西周石刀

西周时期（公元前1046～前771年），1997年从疏附县乌帕尔镇柯克孜贝西遗址采集。砂岩质，弓背，两面磨刻。通长16.6、通宽5.5、通高0.9厘米。

25.汉珠石

汉代（公元前206～220年），1987年采集。一串12个，料珠4、玻璃珠2、玛瑙珠1、片状石2、条状透明玉石2、海贝1，略有磨

西周石刀

汉珠石

汉唐石纺轮1

汉唐石纺轮2

损。最长3.0厘米,总重20.0克。

26.汉唐石纺轮1

汉至唐代(公元前206～907年),2000年采集。整体呈不规则圆形,中间有一近似圆形的孔。直径3.2、最厚0.9厘米,重13.2克。

27.汉唐石纺轮2

汉至唐代(公元前206～907年),1994年采集。周身呈略不规整的圆形,中间为一圆形的孔。直径3.0、最厚0.4厘米,重5.4克。

28.明石球

明代(1368～1644年),1995年采集。3个,大小不一,但表面光滑,整体呈球状。直径5.7～7.0厘米,总重777.0克。

29.清汉文石碑

清代(1644～1911年),仅可辨识

明石球

清汉文石碑

清银首磨刀石

出"马步""世职讷齐""陕安"等字样。残高37.0、残宽43.0、厚14.0厘米，重45340.0克。

30.清银首磨刀石

清代（1644～1911年），1996年征集。石质，整体呈圆柱状，打磨光滑，头部镶嵌花草纹银饰。通长21.0厘米左右，重134.8克。

二　陶器

喀什地区博物馆馆藏陶器，以陶罐为主，时期主要是唐代和宋代，素面陶占大多数，体积、式样不同。陶罐为当时人类的日常生活提供了便利。其中北朝三耳压花陶罐是从喀什市亚吾鲁克遗址采集，是喀什地区博物馆的镇馆之宝。此件文物纹样繁复而精美，图案充满异域风情，器形硕大，口部有蕉叶纹样，耳部有针叶纹，在耳口交接处各塑有一须髯皆张的"胡人"，颈部饰有联珠纹和卷草纹，在腹部中央有5组圆形图案，每组2个，一共10个图案。它在研究中西方文化交流及新疆宗教演变史上具有重要价值。

1.战国灰陶钵

战国时期（公元前475～前221年），且末县扎滚鲁克一号墓地发掘。敞口，圆唇，斜肩腹，圜底施整一层黑色陶衣，基本完整。通高7.5、口径14.2厘米。

2.汉黑衣红陶钵

汉代（公元前206～220年），1990年在叶城县莫莫克墓地调查时采集。敞口，折沿，弧腹，圜底，夹砂红陶，口沿残缺。通高6.7、口径14.1厘米。

3.汉唐陶纺轮1

汉至唐代（公元前206～907年），1983年采集。整体呈锥形体，底部为几何形图案。直径5.0、最厚2.4厘米，重64.0克。

战国灰陶钵

汉黑衣红陶钵

汉唐陶纺轮1

带你走进博物馆

4.汉唐陶纺轮2

汉至唐代（公元前206～907年），1983年采集。整体呈锥形体，底部为团花围绕图案。直径3.0、最厚0.4厘米，重5.4克。

5.汉唐红陶纺轮

汉至唐代（公元前206～907年），红陶质地，纹样呈放射状。通高1.8、直径2.8厘米，重12.8克。

6.北朝三耳压花陶罐

北朝时期（386～581年），1985年从喀什市亚吾鲁克遗址采集。口沿为宽盘口，近似喇叭口，高束颈，贴塑带状三耳，耳顶

汉唐陶纺轮2

汉唐红陶纺轮

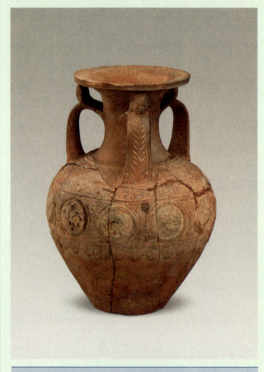

北朝三耳压花陶罐

与口沿底部贴有胡人头像，溜肩，弧腹下缓收，小平底。通高57.0、口径28.0、底径19.5厘米。

7. 唐平口大陶瓮

唐代（618～907年），1994年从喀什市亚吾鲁克遗址采集。表面施黄陶泥，平口，束颈，溜肩，鼓腹，平底，近底处陶泥剥落。通高79.0、口径39.0、底径40.0厘米。

8. 唐圆口小陶瓮

唐代（618～907年），1994年从喀什市亚吾鲁克遗址采集。内斜圆口，弧腹，平底，外施土黄陶衣，下腹至底有裂纹，口沿有残损。高67.0、口径27.0、底径20.0厘米。

9. 唐刻划莲花纹三耳陶罐

唐代（618～907年），1983年从巴楚县穷吞木遗址采集。敞口，束颈，溜肩，弧腹，小平底，沿肩柱形，三耳，颈部刻一周莲纹，肩腹一周阴刻弦纹，腹至底是刻划的仰

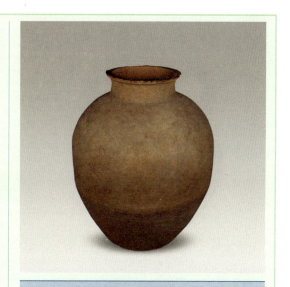

唐平口大陶瓮

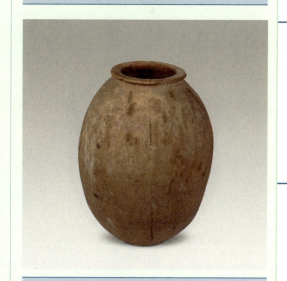

唐圆口小陶瓮

带你走进博物馆

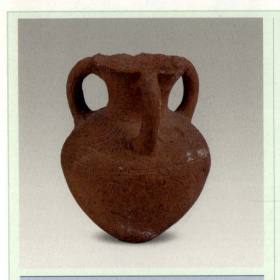

唐刻划莲花纹三耳陶罐

唐刻划几何纹三耳陶罐

莲纹。通高10.7、口径5.5、底径2.8厘米。

10.唐刻划几何纹三耳陶罐

唐代(618～907年),1995年从塔什库尔干塔吉克自治县采集。敞口,束颈,溜肩,圆腹,平底,三耳,肩部贴塑一周绳纹,上腹部刻划戳印多种几何纹,口部残缺。通高13.2、口径6.1、底径6.1厘米。

11.唐叶茎纹双耳骨灰罐

唐代(618～907年),1997年从喀什

唐叶茎纹双耳骨灰罐

市达克牙鲁斯夏雷石堆墓出土。盘口,高束颈,溜肩,弧腹,平底,颈肩柱形叶茎纹双耳,有一灰色砂岩圆形石片盖在其上。通高26.7、口径14.0、底径12.5厘米。

12.唐广口鼓腹陶罐

唐代(618～907年),1997年从喀什市达克牙鲁斯夏雷石堆墓出土。广口,口沿为侈口,溜肩,弧腹,大平底,口、腹、底皆破损。通高25.5、口径17.0、底径16.8厘米。

13.唐叶颈单耳陶壶

唐代(618～907年),在喀什市伯什克然木乡汗诺依古城采集。表面哑光,颈呈吸腰式喇叭口,平肩,鼓腹,小平底,颈肩处单耳,耳呈叶茎状。通高24.8、口径7.9、底径8.7厘米。

14.唐带柄小红陶勺

唐代(618～907年),2000年采集。保存完整,夹砂红陶。勺部为圆唇,斜腹,平

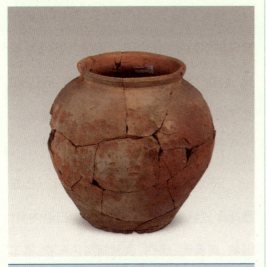

唐广口鼓腹陶罐

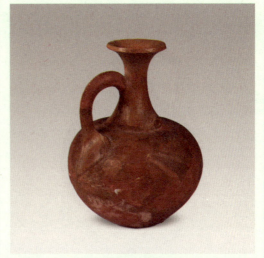

唐叶颈单耳陶壶

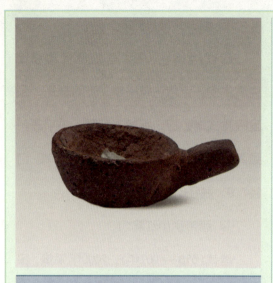

唐带柄小红陶勺

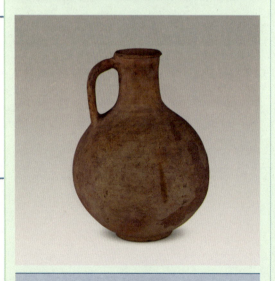

宋单耳陶壶

带你走进博物馆

底，柄部有圆孔。通长8.5、口径6.0厘米，重62.4克。

15.宋单耳陶壶

宋代（960～1279年），1982年从疏附县乌帕尔镇乌普拉特遗址采集。微敛口，高领，溜肩，鼓腹，圈足底，颈肩条带状，单耳，土黄陶衣，部分脱落。通高32.5、口径8.4、底径11.0厘米。

16.宋流孔大陶瓮

宋代（960～1279年），1994年从疏附县乌帕尔镇库科奇采集。圆唇，沿外斜，束颈，鼓腹下缓出，平底，近底处有一圆形流孔。通高88.0、口径34.3、底径34.5厘米。

17.宋红陶瓮

宋代（960～1279年），1994年从巴楚县托库孜萨来遗址采集。圆唇，口沿内斜，溜肩，椭圆腹，圜底，表面施黄色陶衣，基本完整。通高77.0、口径28.5厘米。

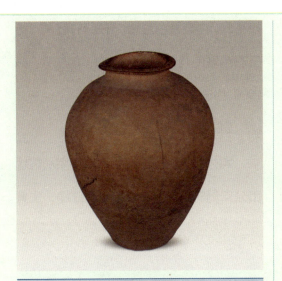

宋流孔大陶瓮

18.宋单耳短流陶壶

宋代(960～1279年),1982年从疏附县乌普拉特遗址采集。敛口,短流,高领,椭圆腹,圈足底,颈肩条带状单耳,上肩饰戳印的指甲纹,下肩在弦纹中刻划波浪纹,腹部有裂纹,土黄陶衣。通高35.0、口径10.0、底径10.6厘米。

19.宋双耳扁陶壶

宋代(960～1279年),1997年在喀什

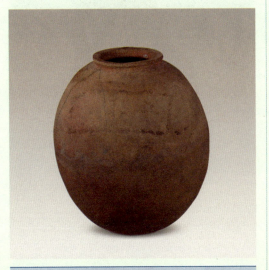

宋红陶瓮

宋单耳短流陶壶

带你走进博物馆

市亚吾鲁克遗址采集。鼓腹，腹中部凸起弦纹，由小到大放射乳钉纹，耳、颈缺失。残高16.8、腹径15.7厘米。

20.明三彩陶罐

明代（1368～1644年），1983年喀什地区设计院内施工地采集。直口、弧形肩，

小平底，内施褐色彩釉，外部有黄、褐、绿三彩绘制的几何形图案，口、腹部残。高20.0、口径14.7、底径7.7厘米。

21.清短流单耳陶壶

清代（1644～1911年），1986年从喀什市公安局院内施工出土。泥质红陶，土黄

宋双耳扁陶壶

明三彩陶罐

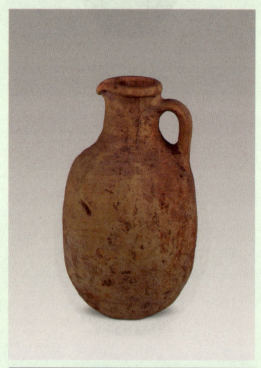

清短流单耳陶壶

陶衣。敛口，短流，高领，溜肩，弧腹，平底，颈肩处宽带单耳。通高36.0、口径8.8、底径11.3厘米。

三 铜器

喀什地区出土的铜器，多为西周和春秋时期，喀什地区博物馆藏有6件，5件采集于疏附县乌帕尔镇一带。

1.西周直柄铜刀

西周时期（公元前1046～前771年），1997年从疏附县乌帕尔镇乌普拉特遗址采集。弓背，弧刃，直柄。通长19.4、通宽1.9、通高0.6厘米。

2.春秋铜鍑

春秋时期（公元前770～前476年），1994年从疏附县乌帕尔镇霍加阔纳尔遗址采集。腹部一侧有直径约5厘米的圆形破洞，环形直耳，双耳磨损严重，一耳上部有凸起的棱条，一耳两侧带凸棱，球腹，圆

西周直柄铜刀

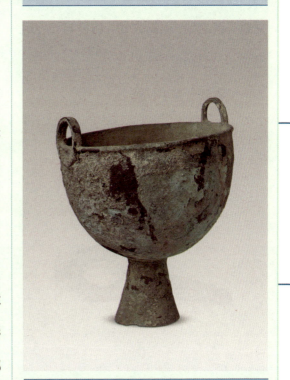

春秋铜鍑

带你走进博物馆

唇口沿，喇叭形高圈足。素面，仅在颈部有一圈铸造时留下的范印，通体锈蚀严重。目前喀什地区只有一件铜鍑，南疆地区也只有两件，另一件发现于阿克苏地区的温宿县。此件铜鍑很有可能是古代塞人遗物，反映了喀什地区从先秦时期就是文明荟萃之地。通高57.0、口径44.5、足径16.0、足高16.0厘米。

3.春秋管銎小铜斧

春秋时期（公元前770～前476年），

1994年从疏附县乌帕尔镇采集。红铜制，椭圆形管銎，弧形双刃。通长4.4、通宽1.2厘米，銎径长1.2、宽0.8厘米。

4.唐乳钉纹单弦铜镜

唐代（618～907年），1995年从莎车县喀群乡康巴格古墓地采集。宽沿，直壁，平底，背面乳钉纹，外沿和中部有两道弦纹，弦纹之间有一圈乳钉，拱形桥纽，纽内可穿丝织带，基本完整。直径12.0厘米。

春秋管銎小铜斧

唐乳钉纹单弦铜镜

四 纺织品

喀什地区博物馆所藏的纺织品时间跨度大，种类多样。从春秋战国时期的彩条毛裙残片，到宋代的饰绛丝边缘绢棉袍、棉手帕，再到明代的红毡帽，最后到近代当地人使用的墙围等皆有收藏。它们保存基本完好，制作工艺精细，特点鲜明，这些纺织品折射出了历史上不同时期喀什地区纺织业的发展水平和丝绸之路的贸易状况，对于研究丝路贸易、交通和中西文化交流具有重要的学术价值。

1.春秋红色平纹开襟上衣

春秋时期（公元前770～前476年），且末县扎滚鲁克一号墓地出土。无领，用红色毛线平纹编织而成，蝙蝠中袖，领口、袖口、肩袖连接处用蓝、黄两色毛线包镶，腰带用红、黄、棕三色毛线编织而成，虽残损甚多，但整体结构保存好。通长43.0、通肩长131.0厘米。

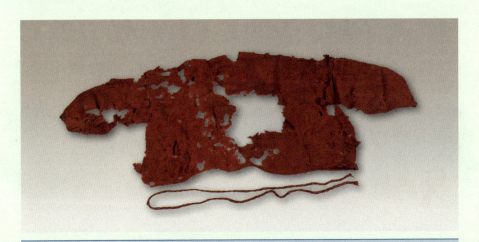

春秋红色平纹开襟上衣

带你走进博物馆

2.春秋彩条毛裙残片

春秋时期（公元前770～前476年），且末县扎滚鲁克一号墓地14号墓发掘。毛制，平纹编织，由黄、棕、红、白等色线编织而成，残损严重。通长65.4、通宽74.0厘米。

3.春秋方领毛套头长服

春秋时期（公元前770～前476年），且末县扎滚鲁克一号墓地发掘。黄色毛线平针编织，方领，宽袖，腰略收，下摆外展，肩袖接缝处有红色毛线，整体保存较好。通长102.0、通肩长142.5厘米。

4.北宋饰缂丝边缘绢棉袍1

北宋（960～1127年），1982年从麦盖提县采集。方领，窄长袖，掐腰，宽摆，以土黄色棉布为里，草绿色绢为面，在它的前襟、领口、袖口和下摆边缘镶嵌缂丝花带，有残破，整体保存较好。通长133.0、通宽65.0厘米。

5.北宋饰缂丝边缘绢棉袍2

北宋（960～1127年），1982年从麦盖

春秋彩条毛裙残片

春秋方领毛套头长服

北宋饰缂丝边缘绢棉袍1

北宋饰缂丝边缘绢棉袍2

宋红腰带

提县采集。方领,窄长袖,掐腰,宽摆,以土黄色棉布为里,草绿色绢为面,在它的前襟、领口、袖口和下摆边缘镶嵌缂丝花带,有残破,整体保存较好。通长133.0、通宽65.0厘米。

6.宋红腰带

宋代(960～1279年),1995年从莎车县采集。长条形,平针斜纹编织,红色,两端有编织的流苏，有残损，整体保存较好。通长266.0、通宽13.6厘米。

7.宋条纹丝绸长衣

宋代（960～1279年），1995年从麦盖提县采集。平针编织，圆领，宽袖，用黄绿丝线编织条状纹样，右上有黑色绢镶边，右

宋条纹丝绸长衣

中部有条红色条纹，右边衣服残损严重，保存较差。通长123.0、通宽53.0厘米。

8.宋棉手帕

宋代（960～1279年），1995年从莎车县采集。白色棉布，方形，蓝色条带几何纹，平针绣边，四周有流苏，保存基本完好。通长44.5、通宽42.0厘米。

9.宋棉质帽子残片

宋代（960～1279年），1995年从莎车县采集。角形，平针织法，在一面角形上端绣成菱格纹，正反面之间垫衬棉，稍残，整体保存较好。通长20.0、通宽9.0厘米。

10.红毡帽

明代（1368～1644年），1995年从麦盖提县采集。顶部有三角形黑色线条，帽边为白色布样，部分残破，保存基本完整。帽边直径34.0、高31.0厘米。

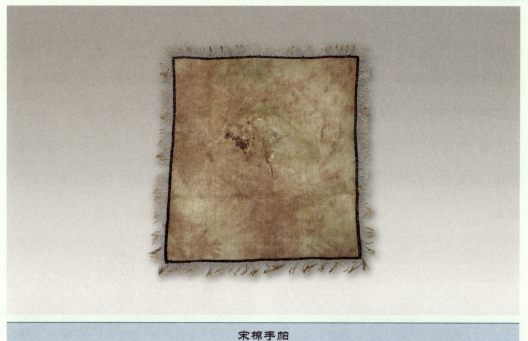

宋棉手帕

宋棉质帽子残片

红毡帽

带你走进博物馆

11.清扎染黄绢长袍

清代(1644～1911年),1993年从巴楚县图木秀克遗址采集。白色扎染几何纹,领口用蓝色绢包镶,腋下缝缀白色花叶纹蓝绢,肩背以红色棉布衬里,衣袖和右摆残。通高123.0、通长205.0、下摆110.0厘米。

12.清蟒纹缎棉袍

清代(1644～1911年),2000年征集,表面略有脱接,部分残损,整体保存较好。

13.清刺绣花草纹鹿皮裤

清代(1644～1911年),1996年征集。皮革制,保存完好,黄色为底,上有花草纹。直径100.0厘米,重694.4克。

清扎染黄绢长袍

清蟒纹缎棉袍

清刺绣花草纹鹿皮裤

五 木器

木器使用历史悠久，在早期铁器时代，且末县扎滚鲁克一号墓地曾发掘出木盒、木桶、木纺轮、木碗等珍贵的木器。木制品是用白杨木、泡桐木、柳树木、杏树木、枣树木、核桃木等木料为原料，用专门的金属刮器刮成，再刻上花纹。木器制作艺术代代相传并不断发展，越来越精致，根据生活需要，工匠们制出了木盆、木桶、大木碗、小木碗、木缸、研钵、木勺等10多种，其中制作生活用木制品时，工匠均选用有韧性、无毒、无异味、不易变形的木材作为原料。

1.战国刻划纹木腰牌

战国时期（公元前475～前221年），且末县扎滚鲁克一号墓地发掘。柄似梯形，牌身为长方形，柄呈弧状，柄中心有一圆孔，牌面为卷云纹，一面为三角纹，保存完整。通长8.9、通宽3.0、通高0.7厘米。

2.战国卷云纹木盒

战国时期（公元前475～前221年），且末县扎滚鲁克一号墓地发掘。长方形，五面有刻划的卷云纹图案，用整木掏空而成，保存完整。通长9.2、通宽4.2、通高4.5厘米。

3.战国小木桶

战国时期（公元前475～前221年），且末县扎滚鲁克一号墓地发掘。用整木掏

战国刻划纹木腰牌

战国卷云纹木盒

战国小木桶

空而成，上面雕有菱形系，系中掏有一圆孔，残缺。通高8.8、口径4.3厘米。

4.战国木碗

战国时期（公元前475～前221年），且末县扎滚鲁克一号墓地发掘。用整木掏空而成，敞口，平沿弧腹，圜底，基本完整。高4.1、口径12.0、宽9.8厘米。

5.春秋木纺轮

春秋时期（公元前770～前476年），且末县扎滚鲁克一号墓地64号墓发掘。由纺轮和纺杆组成，纺轮呈圆锥体，纺杆两端呈锥体，从纺轮中央穿孔。通长46.0、直径5.5厘米。

6.清木锁

清代(1644～1911年)，喀什地区征集。木锁整体呈长方形，全木质，其钥匙为三齿，形状似木犁，保存完好。通长34.0、通宽10.0、通高11.0厘米。

战国木碗

春秋木纺轮

清木锁

带你走进博物馆

六 雕塑、造像

大约公元前1世纪，佛教传入新疆。4世纪至10世纪，佛教在新疆进入鼎盛时期，形成了以佛教为主，多种宗教和谐共存的格局。巴楚县托格拉塔格佛教遗址采集的石膏璧纹砖和巴楚县托库孜萨来遗址采集的佛头，反映出当时喀什地区的佛教文化达到了很高水平。

1.唐石膏浮雕伎乐菩萨像

唐代（618～907年），2001年从巴楚县托格拉塔格佛教遗址采集。仅存左下角，其余残缺，残存人物浮雕两个，其中左侧人物保存较好，上有红、绿、黑彩残存。右侧人物仅存左身一小部分，有身光，最外层呈放射状，帔帛绕身，当为双腿交叉坐于垫子上，手里正演奏着乐器，因残损严重，不能辨识。左侧伎乐人物像保存较好，赤脚交叉坐于残存有绿色彩绘的菱形方格垫子上。有三层头光，中间一层残存绿色彩绘，最外一层呈放射状，梳发髻，有黑色颜料残存，面相丰圆，呈微笑状，正吹着乐器，似为筚篥，有大耳环，戴项圈，残存有绿色颜料的帔帛环绕脖子后搭手臂飘于身侧，袒上身，下系短裙。璧纹砖边缘的装饰纹样为

唐石膏浮雕伎乐菩萨像

半方格忍冬纹，中间以重条夹珠带隔开。通长31.0、通宽23.0、通高4.0厘米。

2.唐石膏浮雕天王踏鬼像1

唐代（618～907年），2001年从巴楚县托格拉塔格佛教遗址采集。残存右边一部分，上有红色、绿色、白色、黑色彩绘残

唐石膏浮雕天王踏鬼像1

存。边缘为凸起的方框。天王有圆形头光，三层。头戴冠饰，面部残损严重，不可辨识，黑发，大耳环。帔帛绕臂垂于身侧，左手似托一物举于头顶左侧，右臂弯曲，右手握一长带一端于右侧腰部，长带从双膝间折一弯，绕于左肩后侧。上身着铠甲，下身似着袍裙，脚蹬靴。足下踏一小人，双腿屈膝，整体呈右卧状态。上身似赤裸，残存红色彩绘，面部残损严重，已不可辨识。头微向上扬，左侧臂弯曲，手掌向内，手指张开于腹部，右臂抬起，右手在右耳侧作倾听状，下系短裙。通长36.0、通宽14.5、通高3.5厘米。

3.唐石膏浮雕天王踏鬼像2

唐代（618～907年），2001年从巴楚县托格拉塔格佛教遗址采集。残存左侧一部分，脚下所踩部分缺失，头部从眼睛断开，造像的左侧面部、右臂及右脚残，边缘

部微鼓，帔帛绕颈和双臂后垂于身侧。左臂上举，戴腕钏，左手掌向外，小拇指和食指弯曲，其余三指向上伸展。下系短裙，脚腕处似有衣纹，脚似穿鞋。通长30.0、通宽14.0、通高3.0厘米。

4.唐石膏浮雕莲花卷草纹壁砖

唐代（618～907年），2001年从巴楚县托格拉塔格佛教遗址采集。残存左半部分，边框为卷草纹，中间的图案为联珠纹饰带环绕的六瓣团花图案，有红、绿、白色彩绘残存。通长38.3、通宽35.4、通高4.2厘米。

5.唐高髻泥塑佛头

唐代（618～907年），1982年从巴楚县托库孜萨来遗址采集。圆形高髻，细眉，微眄双目，眉目清秀，五官端正，面带微笑。通宽9.5、通高14.0厘米。

6.唐石膏浮雕象头

唐代（618～907年），1998年从巴楚

唐石膏浮雕天王踏鬼像2

方框形边饰，紧挨着头光处的左侧有一柱头残存。天王有三层头光，从内而外，第一层似为放射性的花朵，第二层为圆环状，第三层为圆形放射状。尖顶形发式，眉毛似弯曲，怒目圆睁，头两侧各有一个三角形带饰，颈部有三道痕，戴项圈，胸肌发达，腹

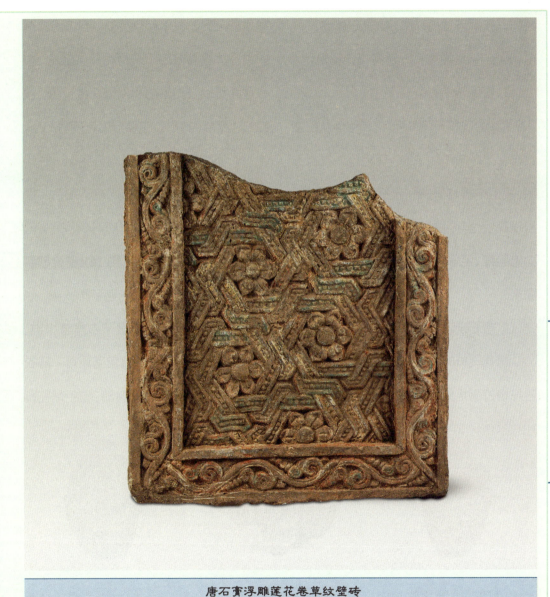

唐石實浮雕蓮花卷草紋壁砖

带你走进博物馆

县托库孜萨来遗址采集。象鼻曲卷成"s"形。通长13.5、通宽7.5、通高12.0厘米。

7.唐泥塑佛头像

唐代（618～907年），1982年从巴楚县托库孜萨来遗址采集。有肉髻，发型不明，脸型丰圆，细长眉，眼狭长，鼻残，嘴闭呈浅笑状，其中眉毛、眼珠有黑墨描摹，唇为朱砂红。通长14.0、通宽9.0、通厚7.5厘米。

8.唐石膏浮雕佛说法图墙砖

唐代（618～907年），2001年从巴楚县托格拉塔格佛教遗址采集。除左上角稍

微残缺之外，基本保存完好。四边用卷草纹装饰，里面有四个人物和一头骆驼。中心画面可以分为屋内和屋外两个部分。画面右边是屋内情景，在梯形屋顶下有3个人物。梯形屋顶的顶端两侧向外突出，并朝下翻卷。上面是具有拱形门窗的阳台，拱门边上装饰有联珠纹，屋顶两侧各有一只鸟。屋内中央是个僧装人物，坐在编制而成的座椅上，两侧各有一菩萨形人物。他穿袒右肩袈裟，从左肘垂下衣角至小腿。从腿部表现来看，在袈裟里面还有一层衣服，双脚穿鞋，右手举在肩部、左手举在胸

唐高髻泥塑佛头

唐石膏浮雕象头

唐泥塑佛头像

唐石膏浮雕佛说法图墙砖

带你走进博物馆

前，皆手捧钵。菩萨像人物向内跪坐，双手捧钵在胸前，头饰及面部五官均受到不同程度的磨损，头冠似由粗带子和三枚饰板组合而成，面部长圆形，卷发，佩戴大耳环。左菩萨上身穿袈裟，而右菩萨上身赤裸，除首饰以外都没有带璎珞等饰物，帔帛搭在肩上后绕上臂外，搭肘而下垂。画面左边是屋外的情景，树下有一个菩萨形人物，一匹骆驼蹲在其脚下。菩萨形人物的造型与屋内菩萨大体相同，两手放在骆驼背上，右手持着像小刀或梳子样的东西。骆驼四肢弯曲蹲在人物脚下，头向背后伸过去，嘴张开。通长50.0、通宽40.0厘米。

9.唐浮雕人像陶片

唐代（618～907年），1987年采集。此为残片，泥质红陶，上下部有粘接，原器形不明。图案左似为一举杯屈膝饮酒的胡人，右为连枝卷草纹。残长17.5、残宽13.0厘米，重295.4克。

七 皮革

喀什地区是皮革制品的重要产出地之一，至今走在喀什老城区的街头巷尾，还能搜寻到不少皮革制品。皮革制品在喀什地区博物馆馆藏中占比较低，其中精品文物是一只皮靴。

皮靴

北宋（960～1127年），1995年从英吉沙县征集。黄皮为里，黑皮为面，靴口为红皮包边，靴面以绿、黑、黄三色镶嵌花叶纹，牛皮靴底嵌铁乳钉，基本完整，保存较好。通长28.0、通高60.0厘米。

唐浮雕人像陶片

皮靴

八 钱币

钱币作为丝绸之路贸易史上的重要载体，见证了丝路的兴衰变迁。钱币是喀什地区博物馆收藏的"大头"。从圆形方孔的开元通宝到纸质的"外汇兑换卷"，均可以在喀什地区博物馆见到。其中喀喇汗王朝钱币是国家三级文物。

1.喀喇汗王朝钱币

宋代（960～1279年），1983年从疏附县乌帕尔镇征集。圆形，铜质，黑褐色，两面边缘有环状乳钉纹，背面有"桃花石可汗"（意为中国汗）的字样。直径2.4～2.5厘米。

2.喀喇汗王朝阿尔斯兰汗钱币

宋代（960～1279年），1983年从疏附县乌帕尔镇征集。圆形，铜质，黑褐色，钱币纹样磨损严重，一面文字似为阿拉伯文"阿尔斯兰汗"（意为狮子汗）的字样。

喀喇汗王朝钱币

喀喇汗王朝阿尔斯兰汗钱币

直径2.0～2.2厘米。

九 兵器

在喀什地区这片土地上，古往今来，既有驼铃悠悠的丝路贸易，也有刀光剑影的战争。喀什地区博物馆收藏有一批不同时期的兵器正是这一历史现象的印证。

带你走进博物馆

带你走进博物馆

1.春秋有铤三翼铜镞1

春秋时期（公元前770～前476年），1994年从疏附县乌帕尔镇柯克孜贝西遗址采集。三翼镞，铤呈柱状，残缺。通长2.9、通宽1.4厘米。

2.春秋有铤三翼铜镞2

春秋时期（公元前770～前476年），1997年从疏附县乌帕尔镇采集。镞头呈三翼状，铤呈扁状，铤稍残。通长3.6、通宽0.7厘米。

3.宋角柄铁刀、盾

宋代（960～1279年），1997年从塔什库尔干塔吉克自治县采集。刀为牛角直柄，刀背，平刃；盾呈长圆形，弓背，弧面；刀、盾皆残缺。刀长56.1、宽3.6厘米；盾长48.5、宽42.0厘米。

4.明箭盒、箭

明代（1368～1644年），1995年从巴楚县采集。箭盒为圆木凿挖而成，呈长方形，缺盖；两支箭头呈菱形，一支箭头呈柳叶形，三支无箭头。箭盒通长102.5、通宽15.2、通高7.5、箭长93.2厘米。

5.明箭盒、箭囊、箭

明代（1368～1644年），1995年从麦

春秋有铤三翼铜镞1

春秋有铤三翼铜镞2

宋角柄铁刀、盾

明箭盒、箭

带你走进博物馆

明箭盒、箭囊、箭

盖提县采集。箭盒为圆木凿挖而成,呈长方形,缺盖。箭囊为圆木掏空而成,呈柱状,上有两个小孔,下有四个孔。箭镞铁质,有菱形"Y"形,箭尾呈叉形。箭盒通长97.2、通宽13.6、通高13.0厘米,箭囊高40.6、底径7.0、上径5.2厘米,箭长85.5厘米。

十　牙骨角器、海贝

牙骨角器,指的是用象牙、犀牛角、牛角、鹿角等兽牙角为材料雕刻成的器物用品,在古玩中往往与木雕、竹刻归为一类,并称为"竹木牙角器"。但与木雕、竹刻不同的是,由于牙角器的材料颇为珍贵,尤其象牙、犀角非寻常之物,价格昂贵,所以牙角器历来为王公贵族所用,其身份地位自是比木雕竹刻之器尊崇得多。喀什地区博物馆就收藏有一件类似的角器。

1.春秋角勺

春秋时期（公元前770～前476年），从且末县扎滚鲁克一号墓地90号墓发掘。敞口，口面平，斜腹壁，柄底中央有皮筋缝制，柄端呈方形。通长11.5、通宽5.6、通高2.9厘米。

春秋角勺

2.汉代海贝

汉代（公元前206～220年），1983年采集。2枚，一枚完整，一枚缺一半。其一长2.5、宽1.0厘米，另一长1.8、宽1.5厘米。

汉代海贝

带你走进博物馆

带你走进博物馆

基本陈列

喀什地区博物馆是一座综合性历史类博物馆,拥有3个基本陈列。一层为"西域回响·丝路长歌——中国新疆历史民族宗教文化专题展",主要展示中国历代中央政权对新疆的管辖、民族融合、宗教并存、文化交融发展四个方面的内容;二层为"昆仑流韵·古道遗珍——喀什历史文物陈列",主要展示喀什各个历史时期的重要文物;三层为"喀什地区规划展",主要展示喀什地区未来发展规划。

西域回响　丝路长歌
——中国新疆历史民族宗教文化专题展

"西域回响　丝路长歌——中国新疆历史民族宗教文化专题展"面积近1152平方米。展览以历史事实阐释新疆是中国领土不可分割的一部分、新疆各民族是中华民族血脉相连的家庭成员、新疆历来是多种宗教并存的地区、新疆各民族文化是中华文化的组成部分等四个方面的内容。

一　新疆是中国领土不可分割的一部分

从汉代至清代中晚期,包括新疆天山南北在内的广大地区统称为西域。自汉代开始,新疆地区正式成为中国版图的一部分。汉朝以后,历代中原王朝时强时弱,和西域的关系有疏有密,中央政权对新疆地

"五星出东方利中国"锦护臂（图片）　东汉　民丰县尼雅遗址出土

区的管制时紧时松，但任何一个王朝都把西域视为故土，行使着对该地区的管辖权。在中国统一多民族国家的历史演进中，新疆各族人民同全国人民一道共同开拓了中国的辽阔疆土，共同缔造了多元一体的中华民族大家庭。中国多民族大一统格局，是包括新疆各族人民在内的全体中华儿女共同奋斗造就的。

"五星出东方利中国"锦护臂（图片，原件在新疆维吾尔自治区博物馆收藏展示），1995年在民丰县尼雅遗址1号墓地出土，时代为东汉。长18.51、宽12.5厘米。护臂呈长方形，两侧各有三根黄绢系带，系带长21厘米，图案上有凤凰、鸾鸟、麒麟、白虎等祥禽瑞兽。花纹间织有"五星出东方利中国"字样。该锦护臂质地厚实，图案纹样华丽流畅。织锦色彩绚烂，纹样诡秘神奇，所载文字激扬，为汉代织锦之精品，被誉为20世纪中国考古学最伟大的发现之一。

1.先秦时期

中国历史上最早的几个王朝夏、商、周先后在中原地区兴起，与其周围的大小氏族、部落、部落联盟逐渐融合形成的族群统称为诸夏或华夏。经春秋至战国，华夏族群不断同王朝周边的氏族、部落、部落联盟交流融合，逐渐形成了齐、楚、燕、韩、赵、魏、秦等7个国家，并分别联系着东夷、南蛮、西戎、北狄等周边诸族。公元前221年，秦始皇建立第一个统一的封建王朝。公元前202年，汉高祖刘邦再次建立统一的封建王朝。

1976年河南省安阳殷墟妇好墓出土的玉凤，材质是新疆的和田玉。玉凤呈黄褐色，整体造型轻薄，侧身回首，弯曲如

1976年河南省安阳殷墟妇好墓出土的玉凤

"C"形。整件雕塑的线条优美流畅，洋溢着一股活泼、清新的抒情气氛。

2.汉朝时期

西汉前期，中国北方游牧民族匈奴控制西域地区，并不断进犯中原地区。汉武帝即位后，采取一系列军事和政治措施反击匈奴。

公元前138年、公元前119年，派遣张

骞两次出使西域，联合月氏、乌孙等共同对付匈奴。公元前127年至公元前119年，3次出兵重创匈奴，并在内地通往西域的咽喉要道先后设立武威、张掖、酒泉、敦煌四郡。公元前101年，在轮台等地进行屯田，并设置地方官吏管理。公元前60年，控制东部天山北麓的匈奴日逐王降汉，西汉统一西域。同年，设西域都护府作为管理西域的军政机构，西域都护由汉朝政府直接任命，郑吉任首任都护。123年，东汉改西域都护府为西域长史府，继续行使管理西域的职权。

3.魏晋南北朝时期

三国曹魏政权继承汉制，在西域设戊己校尉。西晋在西域设置西域长史和戊己校尉管理军政事务。三国两晋时期，北方匈奴、鲜卑、丁零、乌桓等民族部分内迁并最终与汉族融合。327年，前凉政权首次将郡县制推广到西域，设高昌郡（吐鲁番盆地）。从460年到640年，以吐鲁番盆地为中心，建立了以汉人为主体居民的高昌国，历阚、张、马、麴诸氏。

魏晋南北朝时期的丝绸之路畅通，新物产、技术的传入为西域经济发展注入了活力。

4.隋唐时期

隋代，结束了中原长期割据状态，扩大了郡县制在新疆地区的范围。突厥、吐谷浑、党项、嘉良夷、附国等周边民族先后归附隋朝。唐代，中央政权对西域的管理大为加强，先后设置安西大都护府和北庭大都护府，统辖天山南北。于阗王国自称唐朝宗属，随唐朝国姓李。

唐朝稳定的政治局面，为西域经济发展提供了有力保障，丝绸之路在唐代进入全盛时期，农业、畜牧、纺织、建筑、采矿冶炼、造纸、酿酒等行业得到了空前发展。

葱岭守捉——石头城

托库孜萨来故城

安西杜怀宝碑的出土和发现证明了安西四镇之一的碎叶镇所在地，即今天吉尔吉斯斯坦的托克马克。

唐代时期疏勒镇辖区的葱岭守捉，即今天的塔什库尔干塔吉克自治县的石头城。

唐代时期疏勒镇辖区的托库孜萨来故城，俗称唐王城，位于巴楚县，唐代曾一度成为这一地区政治、经济、文化的中心城市。

5.五代宋辽金元时期

宋代，西域地方政权与宋朝保持着朝贡关系。高昌回鹘尊中朝（宋）为舅，自称西州外甥。喀喇汗王朝多次派使臣向宋朝朝贡。元代，设北庭都元帅府、宣慰司等管理军政事务，加强了对西域的管辖。1251年，西域实行行省制。

五代宋辽时期西域经济进一步发展，各地居民开田地，筑城池，引进中原先进的

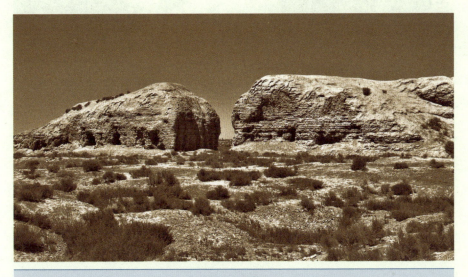

北庭故城遗址

带你走进博物馆

生产技术,农产品更加丰富,使用鼓风机和手工机械进行冶炼,釉下彩陶和玻璃制造技术得到发展。

北庭故城遗址原是唐代北庭大都护府治所,后为高昌回鹘陪都,称为别失八里。

6.明清时期

明代,中央政权设立哈密卫作为管理西域事务的机构,并在嘉峪关和哈密之间先后建立安定、阿端、曲先、罕东、赤斤蒙古、沙州6个卫,以此支持管理西域事务。

清代,清政府平定准噶尔叛乱,中国西北国界得以确定。此后,对新疆地区实行了更加系统的治理政策。1762年设立伊犁将军,实行军政合一的军府体制。

清朝政府在新疆采取一系列整军经武、屯田戍边、兴修水利、管理台卡等举措,

清代伊犁将军府

有力地推动了社会经济的发展。

1884年在新疆地区建省，并取"故土新归"之意，改称西域为"新疆"。1912年新疆积极响应辛亥革命，成为中华民国的一个行省。1949年中华人民共和国成立，新疆和平解放。1955年成立新疆维吾尔自治区。在中国共产党领导下，新疆各族人民同全国人民共同团结奋斗，新疆进入历史上最好的繁荣发展时期。

二　新疆各民族是中华民族血脉相连的家庭成员

新疆自古以来就是多民族聚居地区。最早开发新疆地区的是先秦至秦汉时期生活在天山南北的塞人、月氏人、乌孙人、羌人、龟兹人、焉耆人、于阗人、疏勒人、莎车人、楼兰人、车师人，以及匈奴人、汉人等。魏晋南北朝时期的鲜卑、柔然、高车、嚈哒、吐谷浑，隋唐时期的突厥、吐蕃、回纥，宋辽

金时期的契丹，元明清时期的蒙古、女真、党项、哈萨克、柯尔克孜、满、锡伯、达斡尔、回、乌孜别克、塔塔尔族等，每个历史时期都有包括汉族在内的不同民族的大量人口进出新疆地区，带来了先进的生产技术、多元的文化观念和风俗习惯，在交流融合中促进经济社会发展，他们是新疆地区的共同开拓者。至19世纪末，已有维吾尔、汉、哈萨克、蒙古、回、柯尔克孜、满、锡伯、塔吉克、达斡尔、乌孜别克、塔塔尔、俄罗斯等13个主要民族定居新疆，形成维吾尔族人口居多、多民族聚居分布的格局。各民族在新疆地区经过诞育、分化、交融，形成了血浓于水、休戚与共的关系。各民族都为开发、建设、保卫新疆作出了重要贡献，都是新疆的主人。目前，新疆共生活着56个民族，是中国民族成分最全的省级行政区之一。其中，超过100万人口的有维吾尔族、汉族、哈萨克族和回族4个

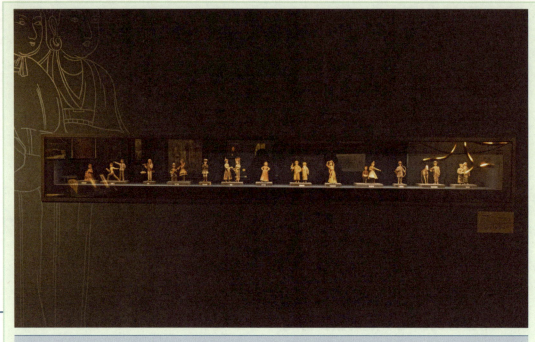

新疆地区13个主要民族雕塑

民族，超过10万人口的有柯尔克孜族、蒙古族2个民族。新疆地区既是新疆各民族的家园，也是中华民族共同家园的组成部分。

维吾尔族是经过长期迁徙融合形成的。维吾尔族先民的主体是隋唐时期的回纥人，活动在蒙古高原，曾经有乌护、乌纥、袁纥、韦纥、回纥等多种汉译名称。回纥人为了反抗突厥的压迫和奴役，联合铁勒诸部中的仆固、同罗等部组成了回纥部落联盟。744年，统一了回纥各部的首领骨力裴罗受唐朝册封。788年，回纥统治者上书唐朝，自请改为"回鹘"。840年，回鹘汗国被黠戛斯攻破，回鹘人除一部分迁入内地同汉人融合外，其余分为3支：一支迁往吐鲁番盆地和今天的吉木萨尔地区，建立了高昌回鹘王国；一支迁往河西走廊，与当地诸族交往融合，形成裕固族；一支迁往帕米尔以西，后分布在中亚至今喀什一带，与葛逻禄、样磨等部族一起建立了喀喇汗王朝。回鹘人相继融合了吐鲁番盆地的汉人、塔里木盆地的焉耆人、龟兹人、于阗人、疏勒人等，构成近代维吾尔族的主体。元代，维吾尔族先民在汉语中又称畏兀儿。元明时期，新疆各民族进一步融合，蒙古人尤其是察合台汗国的蒙古人基本和畏兀儿人融为一体，为畏兀儿补充了新鲜血液。

1934年，新疆省发布政府令，决定统一使用维吾尔作为汉文规范称谓，意为维护你我团结，首次精确表达了Uygur名称的本意。

历史上，维吾尔族先民受突厥人奴役，两者是被奴役和奴役的关系。维吾尔族先民回纥早期在唐朝军队支持下，起兵反抗东突厥汗国，并先后攻灭西突厥汗国、后突厥汗国。维吾尔人不是突厥人的后裔。

三 新疆历来是多种宗教并存的地区

宗教是一种社会文化现象，是人类社会发展到一定阶段的产物。新疆多种宗教并存格局形成和演变经历了漫长的历史过程。早在公元前4世纪以前，新疆流行的是原始宗教。大约公元前1世纪，佛教传入新疆地区，4世纪至10世纪，佛教进入鼎盛时期。同期，祆教流行于新疆各地。至16世纪末17世纪初，藏传佛教在北疆地区逐渐兴盛起来。道教于5世纪前后传入新疆，主要盛行于吐鲁番、哈密等地，至清代传播至新疆大部分地区并一度复兴。摩尼教和景教于6世纪相继传入新疆。10世纪至14世纪，

景教随着回鹘等民族信仰而兴盛。

9世纪末10世纪初，喀喇汗王朝接受伊斯兰教，并于10世纪中叶向信仰佛教的于阗王国发动40余年宗教战争，11世纪初攻灭于阗，强制推行伊斯兰教，结束了佛教在这个地区千余年的历史。随着伊斯兰教的不断传播，祆教、摩尼教、景教等宗教日趋衰落。14世纪中叶，东察合台汗国统治者以战争等强制手段，将伊斯兰教逐渐推行到塔里木盆地北缘、吐鲁番盆地和哈密一带。至16世纪初，新疆形成了以伊斯兰教为主要宗教、多种宗教并存的格局并延续至今，原来当地居民信仰的祆教、摩尼教、景教等逐渐消失，佛教、道教仍然存在。17世纪初，卫拉特蒙古人接受了藏传佛教。约自18世纪始，基督教、天主教、东正教相继传入新疆。

新疆现有伊斯兰教、佛教、道教、基督教、天主教、东正教等宗教。

·原始宗教

早在公元前4世纪以前，新疆流行的是原始宗教。主要的信仰形式表现为自然崇拜、动植物崇拜、生殖崇拜和祖先崇拜等。原始宗教进入晚期阶段后，出现原始宗教的高级形式—萨满教。"萨满"在满−通古斯语中指神职人员，即汉语中的巫。其基本特点是信仰萨满具有超自然异能，能够与精灵直接沟通。萨满主持氏族部落的宗教活动，祈求氏族神灵保佑本氏族五谷丰登、人畜兴旺，为氏族成员祈儿求女、占卜吉凶、治病消灾等。

·祆教

产生于古代波斯的祆教是最早传入新疆地区的外来宗教。唐朝对祆教非常重视，设置了管理祆教的机构，名为"萨薄府"或"萨宝府"，将祆教神职人员纳入唐朝官制体系。在疏勒，祆教一度盛于佛教。同时，祆教在伊州、西州、庭州也很流行，唐朝在这些地方设置萨宝进行管理，吐鲁番出土文书中即有"萨薄"的记载。《新唐书》记于阗"喜事祆神，浮屠法"，说明祆教在此地也有传播。

吉尔赞喀勒墓地是全国重点文物保护单位，时代在公元前500年左右，拜火教的早期文化遗存。

· **佛教**

佛教于公元前6世纪产生于古代印度，创始人为释迦牟尼。大约公元前1世

吉尔赞喀勒墓地

纪，佛教传入新疆地区，4至10世纪，佛教进入鼎盛时期。同期，祆教流行于新疆各地。

鸠摩罗什（344～413年），南北朝时期高僧，出生于西域龟兹，在长安逝世，是与玄奘齐名的著名佛经翻译家。

莫尔寺遗址位于喀什市伯什克然木乡莫尔村东北约4.5千米。2001年被公布为第五批全国重点文物保护单位。遗址包括僧房、大殿和两座佛塔遗迹，两座佛塔分别是圆柱形塔和方形塔，相距约60米。该遗迹是中国最西部且保存最好的佛教遗址之一，它对于研究佛教在喀什地区的传播发展以及中西文化交流有重要的

莫尔寺遗址

意义。

　　下文图展示的是喀什地区巴楚县流失海外文物的精美图片。

·道教

　　道教是中国土生土长的宗教，产生于东汉。在新疆主要盛行于吐鲁番、哈密等地，至清代传播至新疆大部分地区并一度复兴。

·景教

　　唐朝统一西域后，新疆地区流行的外来宗教除佛教外，还有景教、摩尼教和祆教等。景教也称聂斯脱利派，5世纪产生于东罗马，是基督教中最早传入中国的一个教派。景教大约在6世纪传入新疆地区，主要是在民间流传，信奉者多为粟特人、叙利亚人、波斯人，还有回鹘人。后经新疆等地传入中原地区。"景"字含有"光明广大"之意。

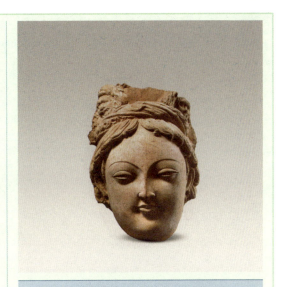

双眼微睁斜视菩萨头像
（法国巴黎吉美亚洲国立博物馆藏）

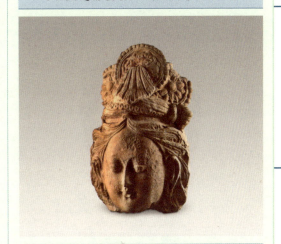

花冠形发饰高耸菩萨头像
（法国巴黎吉美亚洲国立博物馆藏）

带你走进博物馆

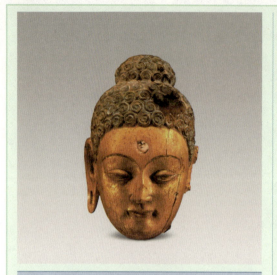

双眼微睁佛头像
（德国柏林亚洲艺术博物馆藏）

高束发髻菩萨头像
（法国巴黎吉美亚洲国立博物馆藏）

夜叉头部像
（法国巴黎吉美亚洲国立博物馆藏）

西域风格菩萨头像
（法国巴黎吉美亚洲国立博物馆藏）

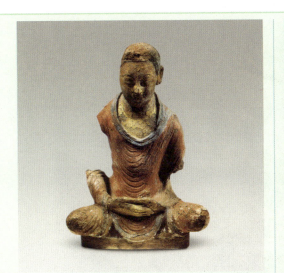

肩肘部残缺佛坐像
（德国柏林亚洲艺术博物馆藏）

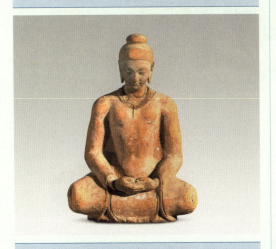

释迦佛结跏趺坐像
（德国柏林亚洲艺术博物馆藏）

卷曲发式菩萨立像
（德国柏林亚洲艺术博物馆藏）

带你走进博物馆

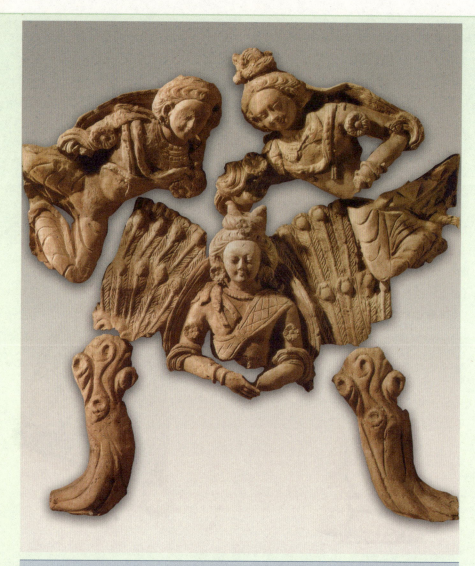

菩萨与两飞天佛教故事群像
（法国巴黎吉美亚洲国立博物馆藏）

菩萨与修行者佛教故事群像
（法国巴黎吉美亚洲国立博物馆藏）

带你走进博物馆

天部诸神佛教故事群像
（法国巴黎吉美亚洲国立博物馆藏）

带你走进博物馆

·藏传佛教

藏传佛教是佛教的一支，俗称喇嘛教。至16世纪末17世纪初，藏传佛教在北疆地区逐渐兴盛起来。

·摩尼教

摩尼教于3世纪中叶由摩尼（216～276年）创立于波斯，是继祆教后传入新疆地区的又一古代波斯宗教。因崇尚光明，又称"明教"。约6世纪末7世纪初，摩尼教传入新疆，但当时影响不大。694年前后，摩尼教传入洛阳。漠北回鹘汗国时期，摩尼教在回鹘人中得到很大发展。840年，回鹘西迁后，进一步推动了摩尼教在高昌等地的发展，建立了摩尼教寺院和教团组织。在吐鲁番曾发现了大量摩尼教寺院遗址和众多文物。西迁的回鹘人改信佛教后，新疆的摩尼教逐渐衰落。

·伊斯兰教

伊斯兰教源自7世纪的阿拉伯文明体系，在其传入新疆之前，维吾尔族先民最初信仰原始宗教和萨满教，后来相继信仰过祆教、佛教、摩尼教、景教、伊斯兰教等。唐宋时期，在高昌回鹘王国和于阗王国，上至王公贵族、下至底层民众普遍信仰佛教。元代，有大量回鹘人改信景教。直到今天，仍有一些维吾尔族群众信奉其他宗教，也有许多人不信仰宗教。

9世纪末10世纪初，伊斯兰教传入新疆。伊斯兰教传入新疆地区，与阿拉伯帝国兴起和伊斯兰教由西向东扩张有关。维吾尔族信仰伊斯兰教，不是当时民众主动改信和转型，而是宗教战争和统治阶级强制推行的结果。伊斯兰教传入新疆地区以后就沿着中国化方向发展，经过长期与新疆各民族传统信仰和文化融合，逐渐成为中华文化的一部分，并表现出地域

带你走进博物馆

特征和民族特色。至16世纪初，新疆形成了以伊斯兰教为主、多种宗教并存的格局并延续至今。因此，伊斯兰教既不是维吾尔族天生信仰的宗教，也不是唯一信仰的宗教。

四 新疆各民族文化是中华文化的组成部分

中华民族具有5000多年的文明发展史，各民族共同创造了悠久的中国历史、灿烂的中华文化。秦汉雄风、盛唐气象、康乾盛世，是各民族共同铸就的辉煌。多民族多文化是中国的一大特色，也是国家发展的重要动力。

自古以来，由于地理差异和区域发展不平衡，中华文化呈现丰富的多元状态，存在南北、东西差异。春秋战国时期，各具特色的区域文化已大体形成。秦汉以后，历经各代，在中国辽阔的疆土上，通过迁徙、聚合、战争、和亲、互市等，各民族文化不断进行交流交融，最终形成气象恢宏的中华文化。

早在2000多年前，新疆地区就是中华文明向西开放的门户，是东西方文明交流传播的重地，这里多元文化荟萃、多种文化并存。中原文化和西域文化长期交流交融，既推动了新疆各民族文化的发展，也促进了多元一体的中华文化发展。新疆各民族文化从一开始就打上了中华文化的印记。中华文化始终是新疆各民族的情感依托、心灵归宿和精神家园，也是新疆各民族文化发展的动力源泉。

·秦汉时期的文化交流交融

中原与西域的经济文化交流始于先秦时期。到汉代，汉语已成为西域官府文书中的通用语之一，琵琶、羌笛等乐器由西域或通过西域传入中原，中原农业生产技

喀什地区博物馆

带你走进博物馆

术、礼仪制度、汉语书籍、音乐舞蹈等在西域广泛传播。

·魏晋南北朝时期的文化交流交融

魏晋南北朝时期，民族大迁徙、大流动、大融合，各民族经济在交流中得到发展，各民族的文化在融合中日益繁荣。中外商旅往来频繁，文化交流进一步加强。

出自今新疆库车的龟兹乐享誉中原，成为唐以后宴乐的基础。这一时期，新疆各地的文化艺术飞速发展。各地出土的佉卢文、龟兹—焉耆文、于阗文、粟特文、梵文、汉文等文书，充分证明了魏晋时期

魏晋南北朝时期文化之展

带你走进博物馆

西域所呈现的语纷文繁之盛况。佛教约于公元前1世纪传入西域，魏晋南北朝时期，形成了于阗、龟兹、高昌三大佛教文化中心。

·隋唐时期的文化交流交融

　　唐朝疆域辽阔、政治稳定、经济与文化繁荣，呈现出多元文化汇聚的局面，主要表现在语言、文学、音乐、歌舞、绘画、书法、雕塑等诸多方面。于阗乐、高昌乐、龟兹乐、胡旋舞等西域乐舞传入宫廷，长安城流行西域风，龟兹乐舞为"胡乐之首"。此外，唐风儒俗在西域得到广泛的普及，

隋唐时期的文化之展

高昌回鹘使用唐代历书,一直延续到10世纪下半期。在教育方面,西域推行了州县学制度,沿用《毛诗》《论语》《孝经》等儒家经典作为教材,表明汉文化在这里得到广泛传播。

于阗、龟兹、高昌等地在唐代仍是全国有名的佛教圣地,克孜尔石窟、柏孜克里克石窟、库木吐拉石窟等都享有盛誉,在盛世唐风之下,中华文化在西域佛教上的体现尤为突出。还出现了汉地佛教回传西域的现象,佛教文化艺术在交流中不断发展。

·五代宋辽金元时期的文化交流交融

宋代,天山南麓的佛教艺术依然兴盛,至今仍留有大量遗迹。西辽时期,契丹人征服喀喇汗王朝,控制新疆地区和中亚,典章礼制多沿袭中原旧制。元代,大批畏兀儿等少数民族移居内地生活,学习使用汉语,有的参加科举考试并被录用为各级官员,涌现了一批政治家、文学家、艺术家、史学家、农学家、翻译家等,有力推动了新疆各民族文化的发展。

·明清时期的文化交流交融

康雍乾时期,安定的社会环境,促进了各民族的文学、音乐、舞蹈、戏剧、书法、雕塑和工艺美术的进一步发展。清代是新疆各民族歌舞艺术相互交流与融合并形成典型特征的重要时期。地毯、服饰、玉器及佛像等富有独特文化艺术内涵。清代新疆的边塞文学是清代文人在切身体悟新疆独特的自然人文氛围之下而作,尤以诗赋、散文为主。此外,它更是清代新疆各民族友好交往的历史见证。

近现代以来,在辛亥革命、俄国十月革命、五四运动、新民主主义革命斗争影响下,新疆各民族文化向现代转型,各民

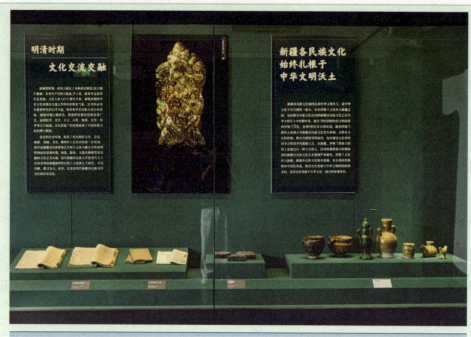

明清时期文化之展

族的国家认同和中华文化认同达到新的高度。新中国成立后，新疆各民族文化进入史无前例的大繁荣大发展时期。历史证明，新疆地区凡是多语并用、交流频繁的时期，也是各民族文化勃兴、社会进步的时期。学习使用国家通用语言文字，是繁荣发展新疆各民族文化的重要历史经验。

带你走进博物馆

昆仑流韵　古道遗珍
——喀什历史文物陈列展

"昆仑流韵　古道遗珍——喀什历史文物陈列展"面积近777平方米。按照喀什社会历史发展进程，依次分为远古时期、夏商周时期、秦汉时期、魏晋南北朝时期、隋唐时期、五代宋辽金元明时期、清朝时期、民国时期、走向新时代等9个单元。

一　远古时期

中国是世界早期人类活动的重要区域之一，新疆人类活动的历史可以追溯到距今5万～4万年左右的旧石器时代中晚期。喀什地区是新疆最早有人类活动的区域之一。

·旧石器时代

喀什发现的旧石器文化遗存主要分布在帕米尔高原的塔什库尔干河流域，有塔什库尔干塔吉克自治县吉日尕勒遗址、库孜滚遗址。考古发现和研究表明：距今12000年前后喀什地区就有人类活动。

吉日尕勒遗址

吉日尕勒遗址位于塔什库尔干塔吉克自治县东南32.5千米塔什库尔干乡托合仑夏村吉日尕勒，1983年8月由新疆博物馆和中国自然博物馆科研人员在帕米尔高原考察中发现。遗址坐落在塔什库尔干河的东岸，这一带河谷两侧谷坡上，发育了五级堆积阶地，遗存发现在三级阶地旧河床倾斜的前缘陡壁中，地质时代为晚更新世，高出现代河床10米左右。该遗址距今至少1万年，属旧石器时代晚期的文化遗存，1991年公布为自治区级文物保护单位。

带你走进博物馆

库孜滚遗址

库孜滚遗址是2018年因塔什库尔干塔吉克自治县修建机场所新发现的石器遗址点，是最新的考古发现，位于塔什库尔干塔吉克自治县库孜滚村。研究表明该遗址是一处石器加工厂，距今12000～8000年左右。

·新石器时代

新疆发现的新石器时代遗存主要以细石器为主，展览展出的是在喀什地区采集到的细石器。这组细石器是原始先民在狩猎活动中经常使用到的工具，主要有石核、石叶、石镞。石叶是从石核上压剥而来，它的作用就是相当于现在的刀片。石镞通俗来讲就是石箭头。喀什发现的新石器时代遗存主要分布在疏附县乌帕尔一带。乌帕尔发现的细石器与我国华北地区石器时代的细小石器工艺技术属同一系统，即非几何形细石器。

马鞍形石磨盘

在喀什地区疏附县乌帕尔镇采集的马鞍形石磨盘，时代为新石器时代，主要作用是压制农作物，类似的石磨盘在我国山西下川文化遗址、河南裴李岗文化遗址、陕西西安半坡文化遗址中都有发现。这反映了当时喀什地区就与中原地区有着文化交流。

马鞍形石磨盘

二 夏商周时期

夏商周时期，新疆天山南北先后进入青铜时代及早期铁器时代。在喀什的叶尔羌河流域和喀什噶尔河流域发现了多处文化遗存。

·叶尔羌河流域文化遗存

叶尔羌河由四条发源于喀喇昆仑山和昆仑山的河流组成，是喀什的两大水系之一，考古发现的下坂地、香宝宝、吉尔赞喀勒墓地说明叶尔羌河上游是这一时期喀什居民活动的主要区域。

下坂地墓地出土的陶器以平底器为主，香宝宝墓地出土的陶器有圜底和平底，吉尔赞喀勒墓地出土的陶器则全为圜底。

喀什历史文物陈列展之夏商周时期

吉尔赞喀勒墓地出土的最具有代表性的文物就是木质火坛。火坛为横圆柱体，两侧有錾，中部挖凿圆形袋状膛部，内盛灼烧过的卵石，内壁有灼烧的炭层，火坛内壁经检测有大麻酚残留物，疑似与入葬时使用豪麻有关。结合墓地所发掘的整体环境以及相关出土文物，据考古专家推断，可能是与琐罗亚斯德教（即拜火教）早期文化有关，进而认为吉尔赞喀勒墓地很有可能支持了琐罗亚斯德教发源于中亚。这件珍品不仅仅反映了喀什自古以来就是多种宗教并存之地，也说明了位于世界文明十字路口的喀什在东西方经济文化交流中发挥着重要的作用。

木质火坛

·喀什噶尔河流域文化遗存

喀什噶尔河由发源于西天山和帕米尔高原的数条河流组成。发现的这一时期的文化遗存主要分布在今疏附县的乌帕尔镇。这些石刀、石杵、钻孔石器以及石磨盘说明了当时的居民已经从狩猎经济时代走入了原始农业经济时代。

喀什地区疏附县霍加阔纳尔遗址采集的铜鍑被认为是草原民族的炊煮器，也就是游牧部族使用的锅，这是目前在我国最西端发现的一件铜鍑，十分珍贵。目前已知的伊犁河谷地区的铜鍑使用人可能是历史上有名的塞人。在公元前2世纪，匈奴扩张造成原居于伊犁河谷的塞人被迫向费

铜鍑

尔干纳盆地及帕米尔高原等地迁徙之前，塞人曾广布天山南北，此件铜鍑很有可能是塞人迁徙带来的。这件珍品说明喀什是多民族聚居之地。

·商周时期

考古发现表明，3000多年前的殷商后期，新疆与黄河流域之间的联系就达到了一定规模，河南殷墟商代妇好墓出土了大量的和田玉。先秦时期的典籍《穆天子传》中记载，西周君主周穆王西巡昆仑会见当地部族首领西王母，互赠礼品，吟咏唱和，相约再会。

三 秦汉时期

西汉是我国历史上第一个对西域实施有效管辖的中原王朝，公元前60年，西汉统一西域，设西域都护府作为管理西域的军政机构，包括喀什在内的西域地区正式成为中国领土不可分割的组成部分。

·张骞通西域

汉武帝时期，为打败匈奴，维护西北疆域安全，决定打通与西域的联系。公元前138年，张骞应募出使西域，将西域诸地最新情况带回中原。公元前127年至公元前119年，汉武帝3次出兵重创匈奴，并在内地通往西域的咽喉要道河西走廊先后设立武威、张掖、酒泉、敦煌四郡。公元前119年，张骞再度奉命出使西域，联络天山北部的乌孙，并分派副使出使其他旁国诸族，扩大了汉朝在西域及以西地区的影响。自此，西域同汉朝的关系日渐紧密。

·西域都护府的设立

公元前101年，西汉设置使者校尉管理西域事务。公元前60年，西汉政府任命郑吉护车师以西北道，统管天山南北各地，号曰"都护"。西域都护是汉朝政府派遣管理西域的最高军政长官，级别相当于郡太守,职责是统辖西域诸城邦管理屯田,颁行朝廷号令;"督察乌孙、康居诸外国动静,有变以闻;可安辑,安辑之;可击,击之。"

·东汉对喀什的治理

东汉在西域先设"西域都护",后置"西域长史",继西汉之后继续行使对天山南北各地的军政管辖。

·两汉时期喀什的社会经济和文化

两汉时期,中央政府在西域设官建制,屯兵戍守,互送往来使者,兴修水利,保障"丝绸之路"的畅通。

·丝绸之路路线

丝绸之路东起我国古城长安,西至地中海东岸,可直达古罗马。东西直线距离

疏勒军民挽留班超

带你走进博物馆

7000千米，在我国境内有4000多千米。喀什也就是疏勒，位于古丝绸之路北道和南道的交汇处，地理位置优越，因此被称为"丝路明珠"。

四　魏晋南北朝时期

　　魏晋南北朝时期，除西晋短暂统一外，全国长期处于割据状态，多个政权并存、先后更迭，但中原各政权仍一如继往地行使着对新疆地区的管辖权，而新疆地区的地方政权都臣属于中原政权，是这一时期政局的突出特点。三国时期的曹魏政权统治着北方广大地区，承袭汉制，在西域设置戊己校尉和西域长史府。西晋代魏，依旧承袭曹魏在西域的军政管理体制。十六国到北朝时期，前凉、前秦、后凉、西凉、北凉，以及后来统一北方的北魏政权，将郡县制和军镇制推广到新疆地区，进一步加强了对新疆地区的管辖。

"大魏使谷魏龙今向迷密使去"拓片为在今巴基斯坦中巴公路吉拉斯地区发现，上书内容为北魏使者出使题记。迷密，即片治肯特遗址（也译为喷赤干），在今天的塔吉克斯坦共和国片治肯特市泽拉夫善河南岸一处高地。这张拓片说明了当时的

"大魏使谷魏龙今向迷密使去"拓片

西域与中原政权的关系十分紧密。

魏晋南北朝时期，随着中原等地区民族的大量迁入，内地先进的生产工具、耕种技术和劳作经验也随之传入新疆地区，促进了当地经济的长足发展。

大约公元前1世纪，佛教传入新疆。魏晋南北朝时期，佛教在当时的新疆地区十分盛行，与萨满教、祆教、道教等和谐共处、并行传播，是这一时期新疆地区多种宗教并存的明显特征。

代表遗址有位于喀什北郊，约18千米的伯什克里木河南岸的悬崖峭壁间的脱库孜吾吉拉千佛洞（又称三仙洞）。时代为东汉末年到三国时期。三仙洞有三窟，东西排列。三个洞窟曾装有木头门框，现已全毁。三个洞窟前室券顶和后室东西侧壁上，原来绘有壁画，现在唯东窟壁画尚有部分残存。

著名文物有20世纪80年代在喀什市亚吾鲁克遗址采集的北朝三耳压花陶罐，国家一级文物，是喀什地区博物馆镇馆之宝。该陶罐器形硕大，口部有蕉叶纹，耳部有针叶纹，耳口交接处各塑有一须髯皆张的"胡人"，颈部有联珠纹和卷草纹，腹部

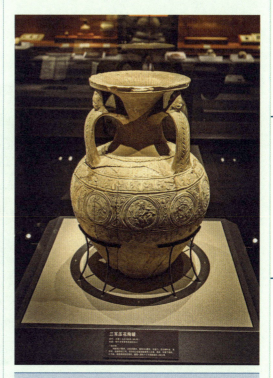

镇馆之宝——三耳压花陶罐

带你走进博物馆

有5组图案，分别是头戴月形冠饰的"王者"和一手举一宝物、一手持一壶、双膝而跪的"供养者"组成。纹样繁复而精美，不仅展示了精湛的制作技法，也反映出了丰富的文化内涵。这件文物对于研究中西方文化交流及新疆的宗教演变史具有重要的价值。

五　隋唐时期

隋代，结束了中原长期割据状态，扩大了郡县制在新疆的范围。唐代，先后设置安西大都护府和北庭大都护府，统辖天山南北。唐上元年间（674～676年），在今喀什设置了疏勒都督府，下设十五个州。

唐朝在西域的屯田，从630年开始，到791年，共经历161年，唐朝在喀什等地的屯田规模大、范围广、人数多、时间长。唐朝在西域的屯田巩固了国家的统一，推动了

喀什历史文物陈列展之隋唐时期

西域经济的繁荣，保障了丝绸之路经济文化的交流，进一步加深了各民族之间的交流交往和交融。

·唐代丝绸之路推动喀什社会经济的发展

唐代，丝绸之路新北道形成，经哈密、吉木萨尔、伊宁，直到碎叶。喀什位于唐代丝绸之路新疆段南道和中道的交汇处，是中西经济文化交往交流的大动脉。丝绸之路将唐朝都城长安和中亚、西亚、东欧等地区紧密地联系在一起，形成了一个巨大的交通网。来往于中原、新疆地区的商人、使者、僧侣等经由这条贯穿亚欧的通道，将中原的丝绸、瓷器、汉文典籍等运往新疆地区以及中亚和欧洲；同时将新疆地区以及中亚和欧洲等地的珍宝、特产和宗教、文化书籍等传到中原地区。丝绸之路上呈现出"使者相望于道、商旅不绝于途"

的盛况。

·疏勒文化经济的发展

隋唐时期，新疆地区与中原地区文化交流深入发展。新疆地区运往中原的牲畜、毛织品、玉石、香料、药材等商品更加丰富，中原输往新疆地区的丝绸、铁器、漆器、茶叶也源源不断。新疆地区的音乐舞蹈流行于中原，进一步充实了我国的文化艺术宝库。隋唐时期，佛教进一步走向兴盛，开始结成中国佛教宗派，道教也因李唐皇室的尊崇而兴盛。喀什地区佛教文化遗存主要分布在今天的喀什市和巴楚县。

六　五代宋辽金元明时期

五代宋辽金元明时期，以今喀什地区为中心的地方政权多次派使臣向宋朝朝贡，西辽的统治者对中原文化的推广与传播及元朝时期空前的大一统，继续推动了喀什社会经济继续向前发展。

·中央政权对喀什地区的治理

1124年西辽创建，1134年西辽归并西域地方政权东喀喇汗王朝，喀什归西辽统辖。1251年，西域实行行省制，中央政府设北庭都元帅府、宣慰司等管理军政事务，加强了对西域的管辖。元朝建立后，喀什仍归地方政权察合台汗国管辖，察合台汗国始终与元朝保持着通使、朝贡的各种交往。1406年，明朝在哈密设置"哈密卫"，延续中原政权对西域的管辖，保护东西方往来的商旅。

·伊斯兰教传入新疆

维吾尔族先民最初信仰原始宗教和萨满教，后来相继信仰过祆教、佛教、摩尼教、景教、伊斯兰教等。唐宋时期，在高昌回鹘王国和于阗王国，上至王公贵族、下至底层民众普遍信仰佛教。元代，有大量回鹘人改信景教。直到今天，仍有一些维吾尔族群众信奉其他宗教，也有许多人不信仰宗教。

伊斯兰教传入新疆地区，与阿拉伯帝国兴起和伊斯兰教由西向东扩张有关。维吾尔族信仰伊斯兰教，不是当时民众主动改信和转型，而是宗教战争和统治阶级强制推行的结果。虽然这种强迫并不影响今天尊重维吾尔族群众信仰伊斯兰教的权利，但它是一个历史事实。伊斯兰教既不是维吾尔族天生信仰的宗教，也不是唯一信仰的宗教。

七　清朝时期

清朝吸取前朝治理新疆的经验，本着因地制宜的原则，陆续制定了一套行之有效的政治、军事、经济、文化制度，对西域实行了更加系统的治理政策，推动了统一的多民族国家的巩固，进一步密切了中原和新疆的联系，促进了喀什社会经济的发展。

·清朝对喀什的治理

1755年清朝平定了准噶尔叛乱，1759

喀什历史文物陈列展之清朝时期

年清政府又平定了大小和卓叛乱，统一天山南北；其中，定边将军兆惠为清朝统一天山南北作出了巨大贡献，1762年清政府设置伊犁将军，作为新疆地区的最高军政官员，管辖天山南北。

清朝平定南疆大小和卓叛乱以后，其后裔并不甘心失败，在中亚浩罕国的支持下不断侵扰南疆。道光、咸丰时期新疆南疆地区发生了大规模的叛乱，给南疆地区人民生活和社会经济造成了严重的破坏。在各族人民的支持下，清政府快速平定了这些叛乱，有力地维护了国家统一。

· 驱逐阿古柏入侵

1865年1月，浩罕汗国（今乌兹别克斯坦浩罕市一带）军官阿古柏入侵中国新疆地区，先后占领喀什噶尔、和阗、叶城、阿克苏、焉耆、吐鲁番、乌鲁木齐等地，并在沙俄、英国、土耳其等国支持下建立了侵略政权，新疆地区社会经济遭到严重破坏。面对阿古柏的入侵，新疆各族军民及清政府进行了坚决的斗争。1875年5月，清政府任命陕甘总督左宗棠为钦差大臣督办新疆军务，统一调动西北数省人力、军力收复新疆。1877年12月，在各族人民的支持下，清政府驱逐了阿古柏势力，收复了新疆。

·新疆建省

1884年11月，清政府废除原有军府制，在新疆地区建省，取名"新疆"，意为"故土新归"。任命刘锦棠为新疆首任巡抚，魏光焘为新疆布政使，省城定在迪化（今新疆乌鲁木齐）。

·喀什经济的恢复和发展

清政府在新疆实行的各种政治、军事、经济政策和制度，不仅巩固了统一多民族国家的发展，而且促进了新疆社会经济的恢复和发展。清朝统一新疆后，社会相对稳定，喀什地区人口增多，对外贸易发展迅速。

·清代屯田

清道光年间，南疆西四城推行民屯，招民认垦。招垦之地有两处：一处是喀什噶尔（今喀什）附近喀喇赫依（今疏勒县）；一处是叶尔羌的巴尔楚克（今巴楚县）。清朝在喀喇赫依的屯田共有八屯，后世号称"疏勒八屯"。

·对外贸易发展

喀什自古以来就是我国对中亚、南亚、西亚开展对外贸易的重镇。清代前期喀什、莎车市场上的外国商人络绎不绝，喀什对外贸易的发展既促进了经济的发展，改善了当地群众的生活，又扩大了喀什的国际影响力。

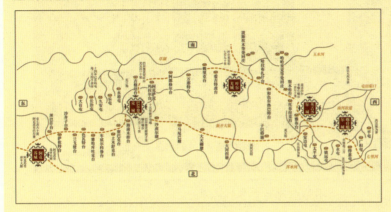

道光中期喀什主要城村与屯田地点分布示意图	喀什与周边地区贸易表

浩罕
布哈尔（布噶尔）
卡尔提锦
达尔瓦斯（卡拉提锦布鲁特部）
博罗尔（巴罗尔）
爱乌罕（阿富汗）
坎巨提（乾竺特/喀楚特/谦珠特）
克什米尔
哪格尔
巴勒提
痕都斯坦（温都斯坦）
英国/俄罗斯
退摆特（图伯特/土伯克/条拜提）
巴达克山（勒特山/巴达哈伤/八答黑商/拨达克山）

道光中期喀什主要城村与屯田地点分布示意图

· 社会文化

　　清朝统一新疆后，在新疆推行了相应的礼仪制度，加强了各民族之间的互相了解。这一时期，喀什出现了大量的文学艺术作品。清末推行新政后，新式学堂等在喀什相继兴起。

八　民国时期

　　1911年，武昌起义爆发，新疆积极响应辛亥革命，相继爆发迪化起义和伊犁起义，新疆各族人民同全国人民一道推翻了封建帝制。1912年1月初，以杨缵(zuǎn)绪为首的革命党人在伊犁发动起义成功，成立新伊大都督府。5月，北洋政府任命杨增新为新疆都督，主持与伊犁革命党人的和谈。7月，新、伊双方签订议和条款，撤销新伊大都督府，承认杨增新主持新疆军政。在北

清朝时期社会文化之展

喀什历史文物陈列展之民国时期

洋政府和南京国民政府时期,新疆先后经历了杨增新(1912 ～ 1928年主政)、金树仁(1928 ～ 1933年主政)、盛世才(1933 ～ 1944年主政)以及国民党统治新疆时期(1944 ～ 1949)。

1934年,新疆省发布政府令,决定统一使用维吾尔作为Uygur的汉文规范称谓,意为维护你我团结,首次精确表达了Uygur名称的本意。

· **中国共产党人在喀什的革命活动**

抗日战争期间,中国共产党以抗日救亡大局为重,采取灵活策略,通过苏联的帮

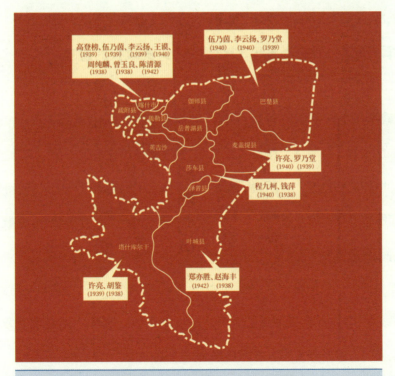

中国共产党人在喀什的活动示意图

助，与盛世才建立了抗日统一战线，20世纪30年代中叶，中国共产党先后派遣100多名党员和干部到新疆开展工作，其中有高登榜、伍乃茵、李云扬等14名共产党人来到喀什，奋斗于各条战线上，最大限度地发动、组织、团结社会各阶层团体，形成爱国抗日的大联合，全力支援抗战，维护了边疆稳定，同时还传播了马列主义，宣传了党的政策，扩大了党的影响，促进了新疆政治、经济、文化教育事业的发展，在各族人民中播下了革命的火种。早期共产党人为新疆各族人民的解放流血牺牲，为新疆的和平解放奠定了思想基础和群众基础。

·喀什人民积极支持抗战

在中国共产党人、爱国民主进步人士的积极参与、大力推动和广泛宣传影响下，新疆各族民众、各族各界爱国人士积极投身到抗日救亡运动中，团结一心，同仇敌忾，维护和发展新疆抗日民族统一战线，为伟大的中国人民抗战胜利和世界反法西斯战争胜利作出了历史性的贡献。

九 走向新时代

中华人民共和国成立70多年来，喀什实现了社会发展的历史性跨越。

·人民政权的建立

1950年，喀什和莎车专区各县人民政府相继建立，喀什各级人民政权的诞生，揭开了喀什历史性的一页，喀什进入了一个各族人民翻身当家做主人的新时代。

·社会主义建设探索的成就

中华人民共和国成立后，在历届党委政府的指导下，各族人民艰苦奋斗、锐意进取，喀什的城乡面貌发生了巨大变化。

1949年12月各族人民热烈欢迎人民解放军第二军解放喀什

1949年在喀什地区升起的第一面五星红旗

喀什市人民政府

带你走进博物馆

帕合太克力乡农民在庆祝土地改革胜利时献给毛主席的致歌信

不同历史时期喀什社会发展的一个缩影

带你走进博物馆

喀什地区规划展

　　"喀什地区规划展"通过九大部分来讲述喀什地区概况、主体功能区规划、高质量发展基础、农村农业现代化、新型工业化、新型服务业、新型城镇化、生态保护与旅游发展等内容，展馆采用了大量高科技手段，将互动查询、模型沙盘、全景影院等现代声光电技术融入多项展示环节，是一个集规划展示、科普教育、特色旅游、商务休闲等多功能于一体的专业规划展示馆。

一　喀什概览

　　喀什地区地处欧亚大陆中部，中华人民共和国西北部，新疆西南部。可以从区

喀什地区规划展之喀什概览

喀什地区规划展之喀什地区国土空间总体规划

划人口、地形地貌、自然资源、民俗风情四大方面了解喀什的基本概况。

二 喀什地区国土空间规划

喀什地区作为丝绸之路经济带核心区重要支点和南通道的重要节点，加快“一带一路”核心区建设，成为我国向西开放的桥头堡。

在国家和自治区的使命要求下，喀什地区深刻把握推动高质量发展的内涵和要求，构建“12345”的发展格局。

喀什地区贯彻“规划先行”的理念，规划形成“一核两群三轴四区”的总体国土空间格局，一核即“一市两县一区一镇”；两群即分别是喀什河流域城镇群和叶尔羌河流域城镇群；三大发展轴即国道314沿线口岸经济发展轴、G3012（G315）和铁路沿线城镇产业发展轴、G314沙塔公路和S13沿线生态旅游发展轴；四区即绿洲经济发展区、沙漠荒漠戈壁脆弱生态修复治理区、高山冰川草原草甸生态涵养区以及边境国土安全管理区。

此外，喀什地区积极推进兵地融合、军地共建。经济开发区以及其中的综合保税区是喀什地区经济发展重要引擎。

三 构建高质量发展基础

加大重点基础设施，是构建高质量发展的基础，我们将从交通、能源、水利、现代通讯四个方面展现喀什地区重大基础设施建设。

喀什占有重要的地理交通位置，是陆上丝绸之路的重要节点驿站，五口通八国，一路连欧亚。在交通基础设施上，喀什规

喀什地区规划展之交通重大基础设施建设

划将形成"国内畅通、国际互联互通、区域城乡覆盖广泛、枢纽节点功能完善、运输服务一体高效的综合立体交通运输体系",如喀什地区铁路发展规划、重大铁路建设项目、纵横交错的公路路网以及机场设施的建设规划。喀什无疑是一带一路中立体交通网的枢纽之城,这一纵横交错、便捷通畅的地区交通网将为喀什未来的发展插上腾飞的翅膀!

除交通之外,喀什地区全面推进叶尔羌河干流、塔什库尔干河、提孜那甫河、克孜河、盖孜河、库山河等河流水电开发,加快实施水利基础设施,同时还将加快5G基站建设,力图把喀什建设成核心区通信枢纽城市,构建喀什面向南疆和周边国家城市的国际通信、信息传输和光缆大通道。

四 农业农村现代化

喀什地区加快推进农业农村现代化建设,喀什地区从乡村振兴、种植业、林果业、畜牧业发展规划以及乡村规划等方面,全面统筹谋划,历经多年乡村面貌已经焕然一新。

五 新型工业化

在推进新型工业化发展上,喀什地区重点打造三大经济带:喀什河流域经济带、叶尔羌河流域经济带、中部经济带。形成四大产业体系,即农业全产业链体系,劳动密集型产业体系、高新技术产业体系、外贸加工产业体系。推动工业发展,喀什全地区积极布局工业园区,集聚发展,如喀什地区工业园区分布图分别展示了作为三大经济带中代表的喀什中亚南亚工业园区、疏勒县工业园区、莎车县工业园区的规划。

六 新型城镇化

喀什地区作为丝绸之路经济带核心

带你走进博物馆

喀什地区规划展之农业农村现代化

喀什地区规划展之新型工业化

喀什地区规划展之新型城镇化

带你走进博物馆

区重要支点，正稳妥扎实有序地推进新型城镇化建设，推进撤地设市、撤县设市、喀什新城、特色小镇、吐曼河生态观光区等建设。构建以人为本、五化同步、产城融合、城乡统筹、民族团结、和谐稳定的新时代喀什新型城镇化高质量发展格局。

七　新型服务化

在新型服务化建设中，喀什地区未来将集中打造五大中心，交通枢纽中心、商贸物流中心、文化科技中心、教育医疗中心、金融服务中心。以五大中心战略推动新型服务业的高质量发展。

八　美丽喀什

喀什是著名的丝路文化和民族风情国际旅游目的地，拥有丰富的旅游资源。在旅游发展总体规划中喀什地区规划形成

喀什地区规划展之新型服务业

新型工业化
NEW INDUSTRIALIZATION

喀什地区规划展之旅游资源

"一核一园三区四廊六镇"的旅游空间结构。在丰富的旅游资源中，这里详细展示了5A级景区喀什古城、帕米尔旅游景区，以及叶尔羌河流域观光走廊、吐曼河生态观光区。

喀什地区拥有一座国家历史文化名城（喀什）和一座自治区级历史文化名城（莎车），保护和传承文化遗产，可以促进城市社会、经济、文化、环境的可持续发展。

九　生态屏障

喀什地区牢固树立"绿水青山就是金山银山"的理念，规划形成"两廊、三区、四屏、多点"的总体保护格局。遵循山水林田湖草生命共同体的理念，打好蓝天保卫战、碧水保卫战、净土保卫战，做好城乡人居环境

文化遗产

喀什地区历史悠久,文物资源丰富。截至2023年,全地区拥有不可移动文物894处,其中全国重点文物保护单位10处、自治区级文物保护单位50处、县级文物保护单位746处、未定级文物88处。

喀什地区境内全国重点文物保护单位类型多样,其中,古建筑2处,即艾提尕尔清真寺、莎车加满清真寺;古墓葬4处,即阿巴和加麻扎(墓)、麻赫穆德·喀什噶里墓、叶尔羌汗国王陵、吉尔赞喀勒墓地;古遗址4处,即莫尔寺遗址、托库孜萨来遗址、石头城遗址、公主堡古城遗址。

一 莫尔寺遗址

莫尔寺遗址是我国最西部的大型佛寺遗址之一,也是佛教传入中国后修建的较早的寺庙。它位于喀什市伯什克然木乡开普台尔哈纳村东北约4.5千米处。遗址地处古玛塔格山南,恰克玛克河流域北黄土平原一带,遗址的东、北、西三面为沙砾戈壁,地貌基本以石子戈壁为主,地势有高有低,高的地方都是2～3米或是4～5米不等的石子丘。2001年,莫尔寺遗址被国务院公布为第五批全国重点文物保护单位。

莫尔寺遗址所在的伯什克然木乡,是一个以农业为主的乡。这里水果种类繁多,风景优美。遗址北面有南疆铁路。西、西南、南部是坎儿井遗址。

莫尔寺遗址是一处汉唐时期的佛教寺院遗址。遗址地表自北向南分布有方形塔、佛殿、僧房、圆柱形佛塔。莫尔寺遗址是喀什地区保存较好的佛教寺院遗址之一。

莫尔,维吾尔语,意为"烟囱"。两个

莫尔寺遗址

佛塔保存状况较好，寺院的殿堂屋子已成废墟，位于两塔之间，两个塔一北一南，圆柱形佛塔在南，方形塔在北，相距65.5米。

圆柱形佛塔的西部曾被挖掘一大洞，已修复，中部的房屋已完全损毁，仅有地表上的废墟，方形塔也有不同程度损毁。遗址露天，风雨侵蚀是造成其损毁的主要原因。

莫尔寺遗址的佛塔建筑颇具特色，圆柱形佛塔在疆内极为少见，带有典型的犍陀罗艺术风格。距今已有1800～1500年的历史，经过长时间风吹、雨淋、日晒，加之人为破坏等因素，至今屹立不倒。

莫尔寺遗址具有较高的科研价值。一是对了解汉唐时期喀什佛教文化以及社会政治经济具有重要意义；二是喀什地处丝路交通线咽喉之地，各种文化交流融合，研究莫尔寺遗址对了解中西文化交流具有重要的意义；三是莫尔寺遗址是汉唐时期疏勒国内的重要佛寺之一，研究莫尔寺遗址对了解西域佛教文化的发展与演变具有重要价值。

二　托库孜萨来遗址

遗址位于巴楚县东北48千米，托库孜萨来村西约200～300米处。地处托库孜萨来山东南端，依山而建，西高东低。时代为汉唐至宋。2001年被国务院公布为第五批全国重点文物保护单位。

1928年中国考古学家黄文弼教授在新疆考察，曾到巴楚调查托和沙赖古城（即托库孜萨来遗址）。

他记述道：托和沙赖塔格系一南北行小山，中断为二，一在路南，一在路北，现行大道即从中经过，古代遗址即散布在大道两旁山上。路南为古寺庙遗址，半山腰有一木牌，为巴楚县知事段熹昕立，上书"尉头州废城遗址"，又在两旁题识云："按志载尉头州故城遗址在此，惟迤北五里，及玉河北百余里东扎拉堤属建，尚有废城遗址，颓垣殴屋，规模宏大，疑尉头州遗址似在于兹，或为汉时尉头国建治之所，亦未可知也。"按：东扎拉堤古城，为清代所筑，并非古址。迤北之古城，疑即托和沙赖北山之废城遗址也。路北为古城，在北山南麓，计城三重，城墙已毁，现仅余城基。内城自山腰绕至地面，计756米。山脚并有古房屋建筑遗址。外城计1008米，接内城，绕于平地至山巅，接大外城。大外城则由外城绕山头至山南根，计周1668米，在南山根尚有古房屋遗址及墓葬。现城中，已辟为田舍，只余古城遗迹。山下尚可见土坯新砌之城墙遗迹，南北开门，现本地称此城为托和沙赖，"九间客房"之意。而当地人则呼为唐王城。《新疆图志·建置志》云："今城（巴楚）东北一百五十里，图木舒克九台北山有废城，樵者于土中掘得开元钱，因呼为唐王城。"吾人根据《新唐书·地理志》云："据史德城，龟兹境也。一曰郁头州，在赤河北岸弧石山。"按：喀什噶尔河亦名克子尔河，译为红河，亦即赤河之义，现克孜尔河虽已断流，但古时河流经行遗迹尚可得见，此城正在旧河床北岸山上，与《唐地志》所述郁头州城形势完全相合，则此地亦即唐代郁头州也，又为古龟兹国西境据史德城。

托库孜萨来遗址

1959年新疆博物馆南疆考古队曾来此调查，在托库孜萨来遗址一带发掘和征集了四千多件文物。在古城中发现的重要文物，有文字的木简30多枚，有汉文、回鹘文、阿拉伯文的大小纸文书（从6世纪到11世纪）200多片，汉代五铢钱范四五种，还有古代的麦穗、棉籽、瓜果核等。

1990年、1992年新疆喀什地区文物普查队在巴楚文物普查中，对托库孜萨来遗址进行调查，发表材料称：

古城位于托库孜萨来山的东南端，其西依山而建，东、北及南三面部分在山坡上，地势明显西高东低。20世纪50年代时，此城保存尚完整，呈长方形，有三重城墙，现几乎被破坏殆尽；古城尚存北部的第二、第三重及东部的第一重城墙的一段。北部的二重城墙残长360米，三重城墙120米，东部的一重城墙残长200米。北部的二、三重

城墙间隔60余米，墙高1～2米，厚10米左右。城墙有的地段为夯筑，有的则为土块垒筑，两种方法建筑的墙垣部分地段不衔接，这可能是二次加工修补所致。古城西部利用托库孜萨来山的自然断崖为屏障，没有筑城墙，但在西侧山的顶部筑一烽火台，烽体东西18.8、南北10.4、高约6.3米，是用红柳枝间隔土块建筑而成的，土块层厚0.5～0.8米，夹筑的红柳层厚约0.05米。

在古城的东部有很厚的文化层，从1959年发掘的探方和近些年来挖肥取土留下的断面可以看出文化层厚10余米，文化层中的灰土、红烧土及陶片比比皆是。通过1959年发掘工作发现，此地原有庙建筑，出土有汉、佉卢和龟兹文文书以及龟兹、唐代钱币。文化内涵丰富。在古城内采集到一些陶片，绝大部分为红陶，仅一块灰陶，夹细砂的居多，也有泥质陶，陶器基本手

制，在器物口沿部有轮制或弦纹痕迹。口沿采集到11件，有尖沿带三角形唇、平沿带三角形唇、凹形沿、大平沿方唇及敛口、直口等几种类型，都是罐、钵等器物的口沿。器耳仅一件，为半月形錾耳。在陶器上装饰主要是划纹。

从该古城所处的地望、文化内涵，有学者认为：一是西汉尉头国；二是东汉盘橐城；三是唐代尉头州（据史德城、握瑟德城）。

三　石头城遗址

遗址位于塔什库尔干塔吉克自治县城北400米处。时代为唐至清。2001年被国务院公布为第五批全国重点文物保护单位。

遗址坐落在阿法尔斯亚夫山和塔什库尔干河西面的高丘上，与现代的塔什库尔干塔吉克自治县城相连，其西面有一片小树林。

1990年新疆喀什地区文物普查队到塔什库尔干塔吉克自治县调查，在资料中记述：古城由城墙、城门、寺院、居住遗址和清代城堡等部分组成，面积约100700平方米，周长约1285米。

古城建在山上，因自然环境的限制，呈不规则四边形，现四面墙垣保存尚好。北面墙长约380米，土坯结构，北面墙尚存有5个马面，靠西面的3个为土坯结构，边长6米×6米，靠东面的2个为石砌，坍塌严重。余东、西、南三面墙长分别为350米、180米和375米，均系生石砌筑而成。

城的西面有城门，据当地人反映，在解放前可见有门为石质，现没留下任何痕迹。

城的东面有一寺院遗址，现残存墙壁长约18、宽4米，有房屋4～5间，土坯筑成。在墙壁上敷三层草泥，其中两层有色彩，局部还保留有壁画残迹，寺院西北角的壁画为佛像。北面的小屋有壁炉，炉上残留有烧火痕迹。个别房屋尚保留有以土坯券顶的穹隆形屋顶。

居住遗址有两处，一处在城西，另一处在城的东南。城西房屋东西排列，大体为两排，间距10～20米。房屋有圆形和方形，多为半地穴式，墙垣系砾石垒砌而成，墙厚0.4、残高0.5～0.7米。东南面的房屋大多不规则，多呈圆形，有地上及半地穴房屋两种形式。建筑材料、方法与城西房屋相同。两处房屋数量合计有40余间。

石头城遗址

清代的城堡修建在城东，呈长方形，面积19800平方米，现存西墙及北墙，长分别为165米、120米，墙垣厚2～2.5米，墙外层有0.5～1米的泥垛，内里系一层角砾石一层泥垒筑。城有南北门，北门为正门，门前有长约30米的斜坡，估计原可能有台阶。南为后门。城东墙外有岗楼三处，间距15米左右。城内偏东有一条路，路两侧为废弃的房屋。

在古城内有零星陶片分布，陶片为红陶夹砂和泥质两种，罐形器，口沿下饰凸棱或有花纹。还出土有石磨盘及一尊残石质人身怪面兽雕像。此尊雕像横长12.7、残高8.2厘米，底座为长方形束腰，呈"工"字形，刻有方格纹。怪面兽俯身仰首，其神态像人，腰部和底座的一端有人脚，似一人踩在怪面兽身上。现雕像保存在塔什库尔干塔吉克自治县博物馆。

从塔什库尔干塔吉克自治县石头城所处的地貌、位置以及所反映的文化内涵分析，它很有可能属于唐揭盘陀国故址（此处"国"指的是中国疆域内的地方政权形式，都不是独立的国家）。《新唐书·西域传》称："揭盘陀，或曰汉陀，曰渴馆檀，亦谓渴罗陀，由疏勒西南入剑末谷、不忍领六百里，其国也。距瓜州四千五百里，直朱俱波西，南距悬度山，北抵疏勒，西护密，西北判汗国也。治葱岭中，都城负徙多河。胜兵千人。其王本疏勒人，世相承为之。西南即头痛山也。葱岭俗号极巉山，环其国。人劲悍，貌、言如于阗。其法，杀人剽劫者死，馀得赎。赋必输服饰，王坐人床，后魏太延中，始通中国。贞观九年，遣使来朝，开元中破平其国，置葱岭守捉，安西极边戍也。"同时揭盘陀国是中原各王朝与中亚、西亚以及南亚各国交通的必经

KASHI MUSEUM

之地，在历史上曾经为繁荣中西交通起到过重要作用。

四　公主堡古城遗址

公主堡古城遗址位于塔什库尔干塔吉克自治县达布达尔乡西12.5千米处。2019年被国务院公布为第八批全国重点文物保护单位。

20世纪初（1900～1913年）英国斯坦因探险队到中国帕米尔地区进行探险活动，曾发现此城堡，他称："在塔格敦巴什帕米尔顶上，在下山的路上确实找到了一所废弃了的石堡，据香客说那里有一个

公主堡古城遗址

奇怪的古代传说，认为古时有一位皇室公主，从中国到波斯去，特建此堡以保安全。我在一座几乎完全荒废的石岭上所找得的堡垒，耸立于塔格敦巴什河的一条幽暗的峡谷里，今称为克则库尔干，意即公主堡。城垣用土砖和松枝相间垒砌而成。"

1990年新疆喀什地区文物普查队曾到此调查，在资料中记述道：公主堡北面为卡斯库尔干吉力克，东面山下是塔什库尔干河，河西岸有一条古道，这条路沿明铁盖古道，可至阿富汗，西达中亚草原，东南面是鄂加克保依古城遗址。公主堡山下有一泉眼，当地人称之为"公主泉"，泉周围是一片草场，此堡所在的山与其西面的山峰之间有一条狭窄的山脊相连，从此处可上山，别无他道。

古城堡建在山上，地势非常险要，且只有一条道与之相连。城堡呈西南—东北走向，西南高东北低。城墙沿山边修筑，高低起伏，蜿蜒曲折，东西长300米、南北宽250米左右。城墙最高5～6、厚3～5米，墙基宽0.7米左右。墙可分三种建筑形式：南面城垣基础为石块垒砌，上为一层树枝压一层泥土相继砌成。西面城垣有一段为土块夹灌木条墙，大约有20层，底宽1.5米，顶宽0.3米左右，高约1.8米。土块构筑方法为平铺错缝，一层土块和一层土块中夹灌木条。西面城墙存一马面，其剩余部分及北墙、东墙均用石块垒砌，比较低矮，多已坍塌。此城的最高处为城门，门西不规则，仅留一道缺口，如要进城必须翻墙而入。

城中现存房屋16间，从城的最高处向下有五层台阶，房屋均修筑在上述台上。城的中部有一组房屋遗址，共4间，在这组遗址北面有两个直径约8～10、深2米的坑,坑北面又有一组建筑遗址,共5间,再向北又有两组建筑遗迹,各两间。房基残墙厚0.75、高0.3米。在城的东南面还可见有三组建筑遗址,间数不清,上述房屋均为石头垒砌而成。在城内只采集到一块夹砂红陶片。

公主堡位于塔什库尔干河谷通向明铁盖以西,联系中亚、西亚的交通要道上。公主堡的存在及其所处的险要地势,显示其与扼守这条交通要道有关。

五　艾提尕尔清真寺

艾提尕尔清真寺位于喀什市解放北

艾提尕尔清真寺

路，艾提尕尔广场西侧，清真寺南墙与北墙外紧靠一排商铺，西墙外是商铺和民宅。

艾提尕尔清真寺始建于明代，由门楼、庭院、教经堂、礼拜殿等部分组成，南北长140、东西宽120米，总占地面积16800平方米，大门门楼用砖砌成，门楼两边是两个18米高的邦克楼。教经堂位于前面部分，由南北两边挺伸对称修建的房屋和教室组成，东北角是厕所和浴室。院内有两个水池，水池四周绿树参天。清真寺的礼拜殿坐落在西边，整个清真寺由140根木柱支撑，共有木结构房屋约100间。

外殿有高达7米的140根绿色雕花木柱网络格状排列。柱底、柱身均有雕刻。柱底尺寸基本上是35～40厘米，正殿前廊柱高5.4米左右，两侧柱高5.1米左右。

研究艾提尕尔清真寺的建筑方式及风格，对于了解喀什地区的建筑发展史具有较高的参考价值。

2001年被国务院公布为第五批全国重点文物保护单位。2008年，喀什作为新疆四个奥运火炬传递城市之一，艾提尕尔清真寺是喀什火炬传递的起点。

六　莎车加满清真寺

莎车加满清真寺位于莎车县莎车镇老城中央。时代为16世纪。2013年被国务院公布为第七批全国重点文物保护单位。

清真寺建于1638～1669年，用木栅栏杆和红砖墙分隔成内外两部分。前部为教经堂，后部为清真寺礼拜殿。大门和门楼建筑宏伟，门楼前分别矗立着两座对称的风景塔。教经堂两侧一字排开，由四十多间小屋组建而成。清真寺大殿分内外两殿，木结构，屋顶为平顶。内殿是立柱殿堂，外殿由宽敞的敞廊组成。进深五间，面阔十八间，共九十间。这些房屋有的用石

莎车加满清真寺

膏刷白,有的用各种彩绘图案装饰。

七 阿巴和加麻扎（墓）

　　阿巴和加麻扎（墓），位于喀什市东北郊。东部、东北部为穆斯林群众公共墓地，南面是香妃园景区，西面是民居，西北有学校。整个麻扎内外白杨、榆、桑等大树参天，荫翳蔽日,加之各种花卉点缀，景色诱人，蔚为壮观。1988年被国务院公布为第三批全国重点文物保护单位。

　　阿巴和加麻扎（墓）建筑群体现了古人高超的建筑技巧和艺术才能。整个建筑造型稳重简洁，宏伟而肃穆。建筑内外的

带你走进博物馆

阿巴和加麻扎（墓）

装饰体现了浓郁的民族风格和地方特色。在装饰上多采用木雕、石膏雕花、彩绘砖拼花饰、木棂花窗、琉璃砖和花瓷砖等相结合的形式，使整个建筑装饰丰富多彩，协调统一，美观精致。

　　喀什地区处于丝绸之路的要道，自古以来就受到东来西往多种文化的影响。在历史上多种宗教在这里流行传播、多个民族在这里融合，不同的宗教，不同的民族带来的文化观念在这里相互融合，故形成阿巴和加麻扎（墓）独特的建筑风格。

八　麻赫穆德·喀什噶里墓

　　麻赫穆德·喀什噶里墓位于喀什地区疏附县乌帕尔镇的艾孜提毛拉木塔格山东

南端。附近有多处泉水，北面有林带和公墓，北约200米为托库孜卡兹纳克寺院遗址；东面是公路和民居，东南约60米为麻赫穆德·喀什噶里教经堂遗址；南面是农田、零星的农宅和公墓；西侧为穆斯林公墓区。

陵墓内树木林立，其种类有杨树、榆树、桑树、葡萄、槐树等。

麻赫穆德·喀什噶里墓最早修建于12世初期，是著名的维吾尔族学者、《突厥语大词典》的作者麻赫穆德·喀什噶里的陵

麻赫穆德·喀什噶里墓

墓，至今有900多年的历史。麻扎由墓室、客厅、诵经室、庭院、书房、清真寺等部分组成。

麻赫穆德·喀什噶里墓建筑雕刻艺术具有鲜明的时代特征。这些木雕上有木线木雕、平面木雕、反凹木雕等形式。主墓室的椽木、梁、柱子所雕的图案有花蕾、花、叶子、水仙、葡萄等十余种花草植物。

麻赫穆德·喀什噶里墓的建筑装饰采用的是石膏雕花，以外部为主，室内只是在屋顶角处装饰一圈。

2006年麻赫穆德·喀什噶里墓被国务院公布为第六批全国重点文物保护单位。

九　叶尔羌汗国王陵

叶尔羌汗国王陵位于莎车县莎车镇第三居委会区内。2006年被国务院公布为第六批全国重点文物保护单位。

陵内有地方政权叶尔羌汗国时的苏

叶尔羌汗国王陵

里塘·赛义德汗、阿布都热西德汗、阿不都克里木汗、穆罕默德·艾阿迈特汗、阿不都里提甫汗和著名的木卡姆学者和诗人阿曼尼莎汗等人的墓冢。墓冢为长圆形，墓外用各种纹样的石膏雕花装饰，整个墓地由砖墙和木栅栏围绕。

十 吉尔赞喀勒墓地

吉尔赞喀勒墓地位于塔什库尔干塔吉克自治县提孜那甫乡曲什曼村东北约3.2千米的塔什库尔干河西岸台地上。2019年被国务院公布为第八批全国重点文物保护单位。

墓地面积约8000平方米。由黑白两色石头铺成，共有6列。条石带错位铺成，每一列的排数不一样，最多的一列40排左右，最少的有10排左右，每排宽约1.2米。在遗址的东部及其他位置散布有一些直径4、深约0.3米的圆坑。条石带基本是从

吉尔赞喀勒墓地

东部的圆坑延伸出去，错落有致，连成一片，气势宏大。在其东北约360米的塔什库尔干河东岸断崖高处亦分布有黑白条石带，仅黑白各一条，长约13、宽约3米。

根据黑白条石带的布局形制及圆坑中发现人骨等现象判断，黑白条石带应为墓葬的地表附属建筑。时代为距今2500年左右。

服务信息及教育交流

一　服务信息

喀什地区博物馆周二至周日免费开放，周一闭馆（节假日除外）。博物馆实行预约参观，团队以电话预约为主，散客实行线上预约。喀什地区博物馆提供定时讲解服务，时间为10：30、11：30、

流动博物馆走进疏附县托克扎克镇1村

流动博物馆走进喀什深喀二中

流动博物馆走进喀什市阿克喀什乡

流动博物馆走进喀什市九盘水磨社区

带你走进博物馆

12：30、15：30、16：30、17：30、18：30，博物馆将根据游客量调整定时讲解场次。

喀什地区博物馆馆内设施齐全，停车场、休息座椅、触摸屏查询机、存包柜、公共饮水机、医药箱、雨具、轮椅、自动售货机、充电宝等设施设备一应俱全。设立观众留言处，收集观众意见和建议。

二　宣传教育

（一）流动博物馆开展情况

2015年以来，喀什地区博物馆积极推动流动博物馆进乡村、进学校、进社区、进机关、进军营、进景区，累计开展1000余场次，惠及各族干部群众30万余人次。流动博物馆作为喀什地区博物馆展陈内容的延伸服务，让基层群众就近就地就能了解到新疆是中国领土不可分割的一部分、新疆各民族是中华民族血脉相连的家庭成员、新疆各民族文化是中华文化的组成部分、新疆是多种宗教并存地区，进一步增强群众的爱国情怀。今后，喀什地区博物馆将继续用朴实的语言把历史文化知识和爱国主义教育精神送到基层，让更多的群众了解历史，正视历史，树立正确的社会主义核

"虎虎生威迎新春"手工制作活动

第二期红色故事演讲比赛

小小讲解员研学活动

"文化传承 手制竹简书"研学活动

心价值观。

（二）社会教育活动开展情况

近年来，喀什地区博物馆多措并举搭建博物馆与公众沟通平台，围绕"5·18"国际博物馆日、文化和自然遗产日及清明、端午等中国传统节日，推出了涵盖服饰、剪纸、考古、书法、阅读、绘画等形式多样的宣传活动，如喀什地区博物馆"元旦"系列社教活动、"虎虎生威迎新春"手工制作活动、"小小讲解员"研学活动、红色故事演讲比赛系列活动、"文化传承·手制竹简书"研学活动等，传播效果突出，文化个性鲜明，社会教育功能发挥明显，有效拉近博物馆与广大观众之间的距离。

（三）宣传渠道

喀什地区博物馆紧跟时代步伐，拓展宣传渠道，2015年4月开通了"喀什博物馆"微信公众号，2022年5月喀什地区博物馆在抖音平台推出第一期"博物馆简介"短视频，并相继推出了"旧石器时代""三耳压花陶罐"等33期文物宣传短视频，让群众足不出户就能了解历史知识，感悟博大精深的中华文化。

带你走进博物馆

三 临展交流

喀什地区博物馆目前有2个临时展厅，面积分别为434.69平方米、527.91平方米。2021年开馆以来，相继举办了"献礼百年华诞·致敬时代楷模——喀什地区庆祝中国共产党成立100周年暨'五一'国际劳动节书画摄影作品展""百年峥嵘·伟大成就——喀什地区庆祝中国共产党成立100周年主题展""孔子文化展""喀什是个好地方·书画频道进万家——中国书画名家精品展""昆天艺韵——喀什大学2022届毕业作品展"等展览。

（一）"献礼百年华诞·致敬时代楷模——喀什地区庆祝中国共产党成立100周年暨'五一'国际劳动节书画摄影

"献礼百年华诞·致敬时代楷模——喀什地区庆祝中国共产党成立100周年暨'五一'国际劳动节书画摄影作品展"

"百年峥嵘·伟大成就——喀什地区庆祝中国共产党成立100周年主题展"

作品展",共展出喀什艺术家们100幅原创代表作品,展览主题鲜明,突出讴歌建党100年以来喀什地区各族干部群众的

"孔子文化展"

劳动精神、劳模精神和工匠精神。

(二)"百年峥嵘·伟大成就——喀什地区庆祝中国共产党成立100周年主题展",集中展示近百年来喀什人民奋力拼搏、接续奋斗的历程,百万喀什儿女实现了从站起来、富起来到强起来的伟大飞跃。

(三)"孔子文化展",集中展出了山东曲阜孔子博物馆珍藏的56件文物。此展览主要分孔子的一生、孔子的思想学

说和孔子思想的传播与影响三部分。展览以文物展陈的方式解读孔子文化，让文物"活起来"，旨在践行文化润疆的使命担当，增进新疆各族群众对中华文化的认同感和归属感，让家国情怀和中华民族共同体意识植根心灵深处，为实现中华民族伟大复兴贡献力量。

（四）"喀什是个好地方·书画频道进万家——中国书画名家精品展"，展出了艺术家们精心创作反映喀什历史文化的精品佳作百余件，其中中国水墨画60幅、书法40幅。展品中书法墨宝如游龙走蛇、天马行空，水墨书画似翠珠溅玉、光怪陆离，或古润雅静，或行云流水，或细腻厚

"喀什是个好地方·书画频道进万家——中国书画名家精品展"

实, 或浓墨重彩, 或轻描淡写, 风情各异, 体现了喀什悠久的历史文化、独特的风土人情、秀美的山水风光、美丽的城市乡村等, 全方位、多视角展现了喀什在新时代新征程中团结稳定、和谐发展的独特魅力和气象万千, 同时也为喀什书画爱好者学习借鉴、切磋交流书画艺术提供了难得的机遇和平台。

（五）"昆天艺韵——喀什大学2022届毕业作品展", 是博物馆全面落实馆校合作要求的体现。本次展览共展出国画、油画等绘画类作品60余件, 文创产品设计、旅游工艺品设计、品牌设计、室内设计、景观设计等设计类作品270余件。展

"昆天艺韵——喀什大学2022届毕业作品展"

"昆天艺韵——喀什大学2022届毕业作品展"

览作品有人物画、山水画、风景画等绘画作品；抱枕、雨伞、钥匙链等生活用品；机器人积木类益智产品以及房屋、广场等设计模型。整个展览设计范围广，实用性强，体现了学生们的观察力、想象力和创造能力，作品精致有灵气。

这些临时展览不仅丰富了展陈内容，还起到了补充和辅助基本陈列的作用。今后喀什地区博物馆将创新理念形式，积极利用各种资源引进内容新颖、形式多样、群众喜闻乐见的精品展览，让博物馆"活"起来，吸引更多的观众走进博物馆。同时也将加大对喀什地区博物馆文物藏品研究，举办反映当地历史文化和时代精神风貌的优质展览，并把展览"送出去"，实现文化交流发展。